Éditions du Moment
15, rue Condorcet
75009 Paris
www.editionsdumoment.com

Dans les entrailles du pouvoir

Stéphanie Von Euw

Dans les entrailles du pouvoir

La face cachée des cabinets ministériels

LES ÉDITIONS DU MOMENT

INTRODUCTION

Et le nouveau Gouvernement est annoncé

Il est 11 heures, 11 h 15 tout au plus, et le secrétaire général de l'Élysée, symbole entre les symboles de l'homme de l'ombre, s'apprête à vivre son moment de gloire éphémère mais ô combien intense devant un pays tout entier haletant dans l'attente de l'annonce de la composition d'un nouveau gouvernement.

La scénographie est là, solennelle et sobre, un micro dépouillé et pour tout dire un peu perdu au milieu du perron élyséen. Tout est pensé et orchestré afin de rendre ce moment aussi fugace que désiré. Les rumeurs bruissent depuis plusieurs jours voire plusieurs semaines. Des fuites, volontaires ou non, font état des dernières options ou suppositions, les scénarios parfois les plus fous affolent les gazettes qui se perdent en conjectures et commentent le difficile voire impossible équilibre politique à trouver.

Telle la fumée blanche au Vatican annonçant l'élection d'un nouveau pape, l'installation du micro sur le perron du palais de l'Élysée est le signe que la République vient d'enfanter un nouveau gouvernement.

Quelques jours plus tôt

L'élection présidentielle est gagnée ! Cela fait près d'un an que les troupes se sont mises en ordre de marche. Le meilleur d'entre eux, ou du moins celui qui est supposé l'être, est désormais le chef suprême d'une république qui aime à couronner des rois.

À l'annonce du résultat, explosion de joie. Une joie presque enfantine, rare moment de sincérité totale et bien réelle. En une fraction de seconde, la fatigue, les coups durs et les rivalités disparaissent au profit d'une union sacrée de quelques heures dont le ciment s'appelle la victoire. À ce moment-là, le politique le plus chevronné ou le plus expérimenté redevient un simple militant, heureux de voir son camp triompher.

Mais les bouchons de champagne n'ont pas encore fini de sauter que déjà une autre bataille pour le pouvoir s'engage. Jusque-là larvée ou discrète car masquée par l'enjeu de l'élection reine, la bataille du gouvernement est lancée. Il aura fallu quelques heures tout au plus pour basculer et entamer le deuxième round, plus feutré mais tout aussi meurtrier.

Le paradoxe, c'est que cette phase supposée plus discrète de la conquête du pouvoir s'amorce sur le terrain de jeu le plus public qui soit : les plateaux de télévision. Alors que le nouveau président, entouré de son équipe rapprochée, peaufine les premiers mots qu'il va prononcer, les ténors de la nouvelle majorité se répartissent sur les différentes chaînes afin de commenter les résultats. En tout cas officiellement.

En réalité, chacun place ses billes. Derrière chaque commentaire, ce sont autant de signaux envoyés au nouveau patron. Il y a les bons élèves qui cisèlent des messages de fidélité, ceux qui se présentent comme les gardiens des promesses présidentielles ou encore ceux qui choisissent la stratégie exactement inverse et commencent d'emblée à poser des exigences et des conditions pour la bonne réalisation du mandat. Une stratégie comme une autre. Pas la moins payante.

Après le show médiatique, le show téléphonique. On ne sait pas combien de temps il durera. Il y aura des gagnants et des perdants. Là aussi.

Selon que vous êtes puissant ou misérable

Cela fait maintenant vingt-quatre heures que le nouveau Premier ministre est nommé. Conseillers, parlementaires, ministres sortants, responsables de partis politiques, journalistes, tous cherchent à glaner une info, une intox, un signe. Chacun cherche, d'une manière ou d'une autre, à plaider sa cause.

Il y a la manière directe, qui n'est pas à la portée de tout le monde mais seulement des « puissants ». Ce sont les poids lourds du parti ou les ministres régaliens sortants ou les alliés politiques qui viennent demander leur « dû ».

Au contraire, certains emploient la manière détournée, réservée aux parlementaires prolétaires qui aspirent à passer dans la cour des supposés puissants. La manière détournée consiste à appeler tout ce qui est appelable. En espérant être appelé en retour…

Il est frappant de voir à quel point un remaniement ministériel joue avec le système nerveux de ces professionnels de la politique au cuir *a priori* bien tanné et qui, pour beaucoup d'entre eux, n'en sont pas à leur coup d'essai. Pourtant, l'adrénaline est toujours là, puissante et ravageuse.

PREMIÈRE PARTIE

DES DÉBUTS DIFFICILES

I

LE JOUR LE PLUS LONG

Rue des Acacias, Paris 17e

« Que cette journée s'annonce longue ! » ne peut s'empêcher de penser Paul. Depuis qu'il s'est engagé en politique, il rêve de devenir ministre. L'objectif absolu. Ce rêve s'est même transformé en obsession dès l'instant où il est devenu député. Et cette obsession n'a fait que croître au fil de son mandat, au point qu'il ne peut s'empêcher chaque soir d'interroger sa compagne sur son pourcentage de chances d'entrer au gouvernement. Un rituel.

Il n'a jamais été aussi proche du but. Il le sait, il le sent. Et pourtant, rien n'est moins sûr. Il sait que chaque nomination tient à peu de chose. Un équilibre politique, une répartition géographique, le veto d'un ténor, le casting, tout simplement. Et sur tous ces points, il n'a aucune prise. Combien de fois il a entendu les histoires, ayant presque aujourd'hui valeur de légende, de tel ou tel ministre débarqué le matin et récupéré l'après-midi, ou l'inverse, l'un parce qu'il fallait un Alsacien, l'autre parce qu'il était chasseur, le troisième parce qu'il fallait une femme ?

Tel un jeu de dominos, l'équilibre fragile de la composition d'un gouvernement ne tient qu'à un fil et il a bien conscience de n'être qu'un simple pion jouant son va-tout pour espérer être de la partie.

« J'aurai fait tout ce que je peux », se dit-il pour se rassurer. Des signaux encourageants lui ont été adressés, il y a encore seulement quelques heures. Des hommes de l'ombre, faiseurs de rois, du moins est-ce l'image qu'ils aiment à répandre, mais aussi de la part de proches du nouveau Premier ministre et des dirigeants du parti. Les dés sont jetés, les cartes sont sur la table. Les prochaines heures diront si c'était son tour, ou pas.

Le Tout-Paris attend l'annonce du nouveau Gouvernement pour aujourd'hui. Il en a eu la confirmation la veille, par l'un de ses contacts, membre de la clique des conseillers dits influents.

Il y a quand même un gros hic. Malgré son déploiement d'énergie et la multiplication de ses démarches, il n'a jamais été en contact direct ni avec le Président, ni avec le Premier ministre. Il a beau être poussé par le parti, par un député européen ami intime du Président, par quelques visiteurs du soir, son nom a beau ressortir régulièrement dans la presse comme faisant partie de la nouvelle garde que le Président veut mettre en avant, rien n'est acquis. Tant que son nom n'est pas prononcé par le secrétaire général de l'Élysée sur le perron du Palais, rien, absolument rien, n'est fait.

Désormais, il n'y a plus qu'à attendre. Et s'il y a une chose qu'il ne sait pas faire, c'est bien ça : attendre sans pouvoir agir.

Il n'est pas question d'aller à l'Assemblée ce matin. Cela ne fera qu'ajouter à sa nervosité. Être obligé de donner l'impression qu'il est zen et détaché, alors que c'est tout le contraire, ou répondre encore et encore aux dernières rumeurs, alors qu'en réalité il ne sait franchement rien. Tout cela est au-dessus de ses forces. Il est passé maître dans l'art de jouer la comédie mais, cette fois-ci, on ne rigole plus. En tout cas, pas lui.

Pour autant, il est exclu de rester cloîtré chez lui à tourner comme un lion en cage. Il regarde sa montre. 8 heures moins le quart. Un peu tôt. Mais il est prêt à parier que son ami Jean, député comme lui, est dans le même état.

Il se saisit de son portable et compose le numéro de son collègue. La première sonnerie n'a pas fini de retentir que Jean décroche. Un « comment vas-tu ? » tonitruant et pour tout dire un peu forcé résonne dans l'appareil.

« Salut, Jean, lui répond Paul. Je ne te dérange pas trop tôt ?

– Alors vraiment pas, tu sais. En fait, je ne tiens pas en place. Ça me rend dingue de sentir que les choses vont bouger, que le train va passer et ne pas savoir si on sera dedans ou pas.

– C'est justement pour cela que je t'appelle, enchaîne Paul. Je suis dans le même état que toi et je me disais que, quitte à poireauter, autant qu'on le fasse ensemble, ça serait plus sympa et ça passerait plus vite. Un petit déj, ça te dit ?

– Carrément, c'est une excellente idée ! On dit dans trois quarts d'heure au Café de l'Alma ?

– Parfait ! À tout de suite ! »

Café de l'Alma, Paris 7e, 8 h 30

Quarante-cinq minutes plus tard, ils se retrouvent comme convenu au Café de l'Alma. Idéalement placé dans le 7e arrondissement, en face de ce qui fut les locaux historiques de Météo France, ce restaurant assez chic fait partie des repaires des politiques et des journalistes. Cette place forte est néanmoins plutôt calme et presque familiale le matin, servant des petits déjeuners copieux et savoureux. Jean y a ses habitudes. Paul n'est donc pas surpris de le voir déjà installé devant un café fumant.

« Salut, Jean ! lance Paul d'une voix enjouée. Tu es là depuis longtemps ?

– Non, quelques minutes à peine, juste le temps de commander un café. Je t'attendais pour la suite. Je n'arrive jamais à me rappeler si tu es plutôt brioche ou viennoiserie », lui répond-il d'une voix chaleureuse.

Paul s'installe en face de son ami. À peine a-t-il retiré son manteau qu'il en extirpe déjà son portable pour le poser sur la table. Jean a un sourire complice et jette un regard sur son propre téléphone, également bien en évidence sur la table.

« C'est pas le moment d'avoir une panne de batterie ou de réseau, plaisante-t-il.

– Tu as raison, lui répond Paul. Ça fait quarante-huit heures que je vis jour et nuit avec lui. Je me suis même réveillé en sursaut cette nuit, croyant que je l'avais oublié dans la voiture. Quand tu réfléchis deux secondes, c'est dingue d'en être arrivé là.

– Ouais, peut-être, mais tu sais que c'est comme ça que ça marche. »

Paul est frappé par la dureté du ton de Jean. Ils se connaissent depuis trois ans seulement, mais une vraie amitié s'est rapidement nouée entre eux. Ils ont été élus en même temps, au même âge, dans des circonscriptions peu éloignées. Si l'un est plutôt libéral et l'autre plutôt gaulliste social, ils se retrouvent dans le même goût du combat électoral et dans leur volonté de refaire le monde.

On dit souvent que les amitiés, les vraies, sont rares en politique. La réalité, c'est qu'elles ne sont ni rares ni fausses. Elles ont juste du mal à résister au temps, à l'esprit de compétition et aux intérêts divergents. En politique, les vraies amitiés ne durent pas, elles se succèdent. Les deux amis le savent mais n'en ont cure, pour le moment. Au contraire. Ils trouvent une réelle satisfaction à avancer côte à côte, un mélange d'émulation et d'entraide. Surtout, l'animal politique est un animal qui réussit seul mais chasse en meute. Et autour de la table ce matin, deux spécimens pur jus vont en être de parfaits exemples.

Les deux amis sont nerveux. Très nerveux. Mais ils tentent de prendre sur eux. Une fois leur commande passée, ils font le point sur leurs derniers échanges réciproques, croisent leurs informations et tentent de jauger leurs chances de succès pour mettre ne serait-ce qu'un doigt de pied dans ce fichu gouvernement. Pour commencer. Ensuite leurs aînés verront de quel bois ils se chauffent.

Si l'adage populaire veut que l'appétit vienne en mangeant, en politique, c'est une règle absolue. Un président de la République ne répétait-il pas sans relâche à ses ouailles que celui qui n'avance pas recule ?

Les deux hommes sont interrompus et sursautent au bruit d'une sonnerie signalant l'arrivée d'un SMS sur le portable de Jean. Ce dernier se précipite dessus. Son ami croit même percevoir un léger tremblement dans sa main. Fausse alerte, c'est un journaliste qui vient aux infos.

Leur discussion reprend, mais plus saccadée que jamais, une part de chacun d'eux étant ailleurs. Pour tenter de détendre l'atmosphère, Paul amène la conversation sur leurs véhicules respectifs, sujet traditionnel de taquinerie entre eux. Alors que lui roule en Toyota hybride, écolo mais moche, et que Jean roule en 407 coupé, racé mais peu discret, la question est de savoir lequel des deux roule dans la voiture la plus française. La Japonaise fabriquée en France ou la Française fabriquée à l'étranger ?

Sa tentative de détourner la conversation avorte rapidement. Pour seule réponse, Jean explique que la question ne se posera plus dès qu'ils seront ministres. « Décidément, Jean est encore plus obsédé que moi », ne peut s'empêcher de penser Paul. Il est tiré de sa réflexion par son portable qui émet à son tour le bruit caractéristique du SMS. Il ne peut d'ailleurs à cette occasion que constater que sa réaction est exactement la même que son ami, et c'est d'une main tremblante qu'il empoigne son téléphone.

Fausse alerte à nouveau. Cette fois, il s'agit de sa compagne qui vient aux nouvelles.

Plus le temps passe, et même s'ils ne peuvent s'y résigner, plus les deux députés commencent à envisager que, peut-être, ce ne sera pas leur tour. Paul se lance en demandant à son ami quels seront ses projets s'il n'entre pas au Gouvernement. Il ne s'agit pas là d'une question anecdotique. Certains en effet y mettent tellement d'énergie, et font tourner leur existence pendant plusieurs mois ou semaines autour du seul objectif d'entrer au Gouvernement, qu'en cas d'échec, une fois l'annonce faite, c'est le grand vide. Et parfois, une profonde déprime.

Jean est d'ailleurs incapable de répondre. Il ne veut pas y penser et envisager l'hypothèse de l'échec.

Café de l'Alma, Paris 7e, 9 h 15

C'est au moment où Jean baragouine quelques mots pour tenter de répondre que le portable de Paul retentit à nouveau. Mais cette fois, il s'agit d'un appel. Une sonnerie longue, puissante, entêtante. Le souffle des deux amis se coupe. Le temps suspend son vol. Les bruits familiers du restaurant sont étouffés. La danse des serveurs interrompue. Numéro masqué. D'une main moite, Paul décroche son téléphone, sous les yeux écarquillés de Jean qui le scrute du regard.

« Allô ! s'entend dire Paul. Oui, c'est bien moi. D'accord, je patiente. »

Il respire et avale sa salive difficilement. Sa pomme d'Adam fait le Yo-yo dans sa gorge et il ne peut la contrôler. Quelques secondes plus tard, une voix d'homme. Il la reconnaît immédiatement.

« Bonjour, monsieur le Premier ministre. »

La conversation est brève et professionnelle. Presque militaire. Paul a l'impression d'être comme spectateur de ses propres réponses. Il en a tellement rêvé de ce coup de fil. Il a mille fois répété ce scénario dans sa tête, s'imaginant maître de ses émotions et déjà prêt à l'action. C'est une tout autre scène qui se joue en ce moment. Malgré ses efforts pour ne rien laisser paraître, il est totalement retourné, comme assommé. Pas la moindre question ou observation ne lui vient à l'esprit. Il s'entend déclarer tout l'honneur que représente cette nomination pour lui, presque mécaniquement.

Face à lui, Jean encaisse. Son portable à lui reste inexorablement silencieux. À cet instant, il comprend que ce ne sera pas son tour. Cruauté du sort, il faut qu'il soit le témoin direct du nouveau destin de son collègue. Sa tête bourdonne. Il est pris d'un début de nausée et se met à transpirer. Le malaise n'est pas loin. Il prend un verre d'eau pour tenter de faire passer ce mauvais goût dans la bouche.

Paul raccroche. Il est hors du temps. Jean le regarde intensément, sourire crispé. Ses yeux témoignent d'une réelle émotion, presque fiévreuse. Sans dire un mot, Jean se lève, fait le tour de la table et va étreindre si fortement son ami que celui-ci manque d'étouffer. Paul, encore sous le choc, ne sait pas comment réagir. Il a conscience que son destin vient de basculer. Pourtant, face à son camarade qui poursuit le même rêve, un sentiment de culpabilité et de gêne vient brouiller l'instant. C'est Jean qui rompt le silence.

« Je suis vraiment fier de toi, dit-il en desserrant son étreinte. Tu vas faire du super bon boulot. Et tu sais quoi ? Je suis heureux d'avoir partagé ce moment important avec toi. »

Paul ne sait pas quoi dire. Il est sincèrement touché par la réaction de son ami et en même temps extrêmement peiné, car il a bien conscience de l'épreuve, voire de la douleur que cela peut représenter pour lui.

Ils se rassoient, et Jean, comme pour ne pas laisser s'installer le silence et la gêne déjà palpable, commande deux autres cafés, signale au patron que c'est pour fêter un événement, ce qui parachève la culpabilisation de Paul. Jean enchaîne sur une analyse passionnée des mérites du nouveau promu et sur les enjeux qui se profilent devant lui.

Paul écoute sans broncher, sincèrement ému par le flot de paroles de son ami, sans être dupe de la douleur que cette attitude est censée cacher. Jean finit par s'interrompre et avec un ton grave solennel lui dit qu'il l'a trop retenu, qu'il a probablement beaucoup de choses à régler et à préparer et qu'il ne veut pas le retarder.

Paul, comme pour s'excuser, lui répond que, tant que son nom n'a pas été prononcé par le secrétaire général de l'Élysée, rien n'est fait. Pour autant, Jean a raison, il ressent le besoin de bouger. Pour faire quoi ? Honnêtement, il ne le sait pas, mais il faut qu'il bouge afin de gérer le deuxième round : l'attente de l'officialisation, l'attente du verdict du micro.

Jean tient absolument à payer l'addition, au grand dam de Paul. Les deux compagnons se séparent par une franche accolade, se promettant de se donner des nouvelles dans la journée. Paul regarde son ami s'éloigner, le pas lourd et les épaules tombantes.

Rue des Acacias, Paris 17e, 10 heures

Paul quitte le Café de l'Alma pour rejoindre son domicile. Pour les mêmes raisons que plus tôt dans la matinée, il est hors de question qu'il repasse à l'Assemblée. Est-ce vraiment pour les mêmes raisons ou est-ce parce qu'il ne se sent déjà plus député ou encore parce qu'il est superstitieux? Lui-même ne sait pas répondre.

Sur le chemin du retour, il passe un coup de fil à sa compagne pour lui annoncer la nouvelle. Il souhaite également qu'elle soit à ses côtés au moment de l'annonce du Gouvernement.

Des fuites doivent commencer à circuler car son portable ne cesse de vibrer ou de sonner au rythme des appels ou SMS lui demandant de confirmer sa nomination. La ficelle est grosse et il se garde bien de répondre. Soit ses interlocuteurs ne savent pas vraiment et cherchent à lui tirer les vers du nez, soit ils savent et veulent une confirmation. L'émettre constituerait une faute politique majeure.

Quand il arrive chez lui, sa compagne est déjà rentrée. Il faut dire que son cabinet est à deux pas. Elle lui saute littéralement au cou en lui déclarant à quel point elle est fière de lui. Sur le moment, elle ne comprend pas la réserve de son homme. Cette incompréhension se lit dans ses yeux. Le futur ministre lui prend la main et le plus calmement possible lui explique que rien n'est fait tant que son nom n'a pas été confirmé par le secrétaire général de l'Élysée.

« Mais c'est une simple formalité, non? le questionne-t-elle.

– C'est un peu plus compliqué que ça, lui répond-il. En fait, à tout moment je peux être éjecté parce qu'il faut placer une nana, un mec de la société civile ou un copain du Président. On m'a raconté qu'une fois ils ont changé le nom du ministre de l'Environnement une demi-heure avant l'annonce officielle parce qu'ils venaient de se rendre compte que la personne à laquelle ils pensaient était chasseur et que ça faisait désordre. Résultat, ils l'ont remplacé par une vieille sénatrice qu'ils remerciaient ainsi pour bons et loyaux services.

– C'est délirant! s'exclame-t-elle. Si les Français savaient comment se compose un gouvernement, ils hallucineraient. On pourrait vous tirer au sort aussi, pendant qu'on y est! »

Paul éclate de rire.

« T'as peut-être pas tort. Ce serait plus rapide et au moins on ne serait pas étonné de certaines bizarreries.

– Tu sais quand ce sera officiel?

– Non, mais ça ne devrait plus tarder. Le plus dur maintenant, c'est d'attendre. Je suis content que tu sois là parce que, l'air de rien, je trouille quand même pas mal. »

Sa compagne est attendrie par ce petit aveu de faiblesse. Cela fait trois ans maintenant qu'ils sont ensemble. Ils sont divorcés tous les deux, n'ont pas d'enfant et forment une vraie équipe dans le développement professionnel de l'un et l'autre. Ils s'épaulent, s'encouragent, se rassurent mais aussi se challengent. Ils s'attachent vraiment à ce qu'ils soient réciproquement fiers l'un de l'autre. Elle a conscience que Paul vit un moment important et il n'est pas envisageable une seule seconde qu'elle ne soit pas à ses côtés dans un moment comme celui-ci.

« Je vais nous faire du café, lui dit-elle en l'embrassant.

– Du déca pour moi, s'il te plaît, je suis déjà overcaféiné », lui dit-il en se dirigeant vers le salon pour s'installer devant les chaînes d'info.

Les minutes qui suivent sont interminables. Un vrai supplice. Paul passe son temps à jongler entre la manipulation nerveuse de son téléphone, les réponses à quelques textos d'amis ou de journalistes auxquels il ne peut rien dire, le zapping incessant entre les différentes chaînes et les questions de sa compagne qui, en voulant bien faire, ne fait finalement que renforcer sa nervosité.

Puis, à 10 h 45, tout s'accélère. Toutes les antennes, prévenues par leur correspondant sur place, dans la cour de l'Élysée, ouvrent une page spéciale. Les caméras se braquent sur l'huissier qui, d'un pas rapide, vient installer le frêle micro sur le perron. L'excitation est palpable. Journalistes et cameramen vont et viennent comme dans une fourmilière, passant allègrement dans le champ de la caméra de leurs confrères. Les reporters sur place reprennent en boucle les dernières informations ou rumeurs, élaborent des scénarios plus ou moins probables.

Les minutes qui suivent vont très vite. Le service de presse de l'Élysée met fin au joyeux désordre en installant une sorte de cordon sanitaire, face au perron, afin d'y positionner l'ensemble des caméras. Les journalistes sont aimablement priés de se ranger derrière. L'annonce est imminente.

Une ombre semble glisser sur le marbre du hall du palais. Devant sa télévision, Paul croit que son cœur va s'arrêter de battre. Il est littéralement en apnée. Sa compagne lui prend la main. Elle est moite. Les deux portes vitrées de l'Élysée s'ouvrent en grand et la silhouette longiligne, presque transparente, du secrétaire général apparaît, une feuille à la main. LA feuille.

Paul ne peut s'empêcher d'essayer de regarder si elle n'est pas raturée. Sans préliminaire, le secrétaire général, droit comme un I, plus austère que jamais, entame l'énumération des heureux nominés, par ordre décroissant dans l'ordre protocolaire. Paul a l'impression d'être aspiré dans un gouffre. Une longue descente au fil de la liste des noms égrenés, dans laquelle ne figure toujours pas le sien. Cela lui rappelle ses moments d'angoisse à l'école, où la maîtresse rendait les copies là aussi par ordre décroissant des notes, ce qui lui avait valu fréquemment pas mal de nœuds dans le ventre.

Toujours pas son nom. Paul est au comble du stress. Une pointe de désespoir commence même à naître. Le secrétaire général va entamer la 33e nomination. Et là, miracle. Dès les premiers mouvements des lèvres, Paul reconnaît la formation des lettres de son prénom, puis de son nom. Secrétaire d'État à la Construction et aux Énergies. Il est nommé secrétaire d'État à la Construction et aux Énergies.

Il est ministre. Sa compagne, assise à côté de lui, applaudit à tout rompre, puis l'embrasse presque violemment, mue par l'excitation. Au fond d'elle pourtant, elle se demande ce que peut bien être le ministère de la Construction et des Énergies. Paul, lui, est rincé. Comme s'il venait de passer dans une lessiveuse.

Il finit par sortir de son état second et plante son regard dans les yeux brillants de sa compagne. Puis, lentement, détachant chaque mot et pointant l'index de sa main droite vers elle, il déclare : « C'est maintenant que tout commence. »

II

EN PISTE !

L'ombre du secrétaire général de l'Élysée se devine encore dans le hall de l'Élysée que déjà le tempo du pouvoir se fait sentir. Dans quelques heures, ce sera le Conseil des ministres. Paul n'a pas fini de digérer l'avalanche d'émotions à la suite de sa nomination qu'au soulagement et à l'excitation succède quasi immédiatement un immense stress. « Et maintenant, je fais quoi ? »

Une foule de questions se bouscule dans sa tête. « Est-ce que je dois prendre contact avec quelqu'un ? Si oui, qui ? Est-ce qu'on va venir me chercher demain pour aller à l'Élysée ? Mais au fait, où sont mes bureaux ? Est-ce qu'il y a des documents à remplir ? Est-ce que je dois récupérer des dossiers ? Quand est-ce que j'entre en fonction ? Et la passation de pouvoirs, qui s'en occupe ? Est-ce qu'il y en a une, d'ailleurs ? »

Tel l'élève de maternelle qui entre à la grande école sans en connaître les codes, Paul ressent immédiatement qu'il est écrasé par un univers qui le dépasse et dans lequel il va devoir se fondre. L'angoisse est à ce moment-là aussi présente que l'excitation. Paul s'en veut presque de ressentir cela. Mais c'est plus fort que lui. C'est fou de se dire que tout son engagement politique est tourné vers ce but ultime d'entrer au Gouvernement, de devenir ministre. Maintenant que c'est fait, il ressent la pesanteur du vide.

Parlementaire depuis quelques années, habitué des petits coups d'éclat travaillés afin de se faire sa place dans le chaudron médiatique, mais également initiateur ou créateur d'un collectif afin de peser davantage au sein de son parti, Paul est pourtant, à cet instant, tout seul. Absolument tout seul. Que faire ? Il ne peut pas appeler ses futurs anciens collègues parlementaires. Entre les déçus, les jaloux, les blasés, il n'y a que des coups à prendre. Et ce n'est plus le moment d'avoir la moindre attitude pouvant trahir ses sentiments. La spontanéité, l'innocence ou la franchise, c'est fini maintenant. Ministre, c'est un vrai boulot, il faut se blinder et apprendre à tout contrôler. Dès maintenant. On ne sait jamais.

Paul est arraché à ses pensées par la voix de sa compagne qui lui demande tout haut ce que lui se demande tout bas : « Est-ce que tu sais comment cela se passe maintenant ? » Ses derniers mots se perdent au milieu des sonneries des téléphones fixes et portables de l'appartement. Il y a encore quelques secondes, un silence de mort régnait dans le salon, le temps semblait s'être arrêté dans l'attente du verdict. Le verdict est tombé, le bal téléphonique peut (re)commencer.

Une authentique avalanche de SMS, de messages de félicitations déferle sur le téléphone de Paul. Les amis, les proches, les ténors de la famille politique du nouveau ministre et des courtisans, beaucoup de courtisans qui cherchent à se placer. Si l'entrée au Gouvernement représente un Graal pour tout parlementaire qui se respecte, il en est de même de l'entrée en cabinet ministériel pour tout collaborateur digne de ce nom.

Instinctivement, et pour tout dire parce qu'il ne sait pas quoi faire d'autre, le nouveau ministre appelle son ministre de tutelle. Coup de chance, il a son numéro de portable dans son répertoire. Au bout de deux sonneries, son nouveau patron, en quelque sorte, répond. Soulagement. L'accueil est chaleureux. Ministre de carrière et rodé à ces nominations et remaniements, « le pro » salue d'emblée sa nomination. Mais l'air de ne pas y toucher et sous la forme du conseil paternel, il ne lui faut que quelques minutes pour lui rappeler que l'on est beaucoup plus longtemps ancien ministre que ministre. Ça, c'est fait !

Ils conviennent de se retrouver à 14 heures à Bercy. L'heure qui a été fixée pour la passation de pouvoirs. Dans la mesure où le secrétariat d'État du nouveau ministre est une création pure, il n'aura pas de passation de pouvoirs spécifique mais sera « englobé » dans celle du nouveau ministre de l'Économie, par ailleurs ministre d'État.

La conversation se termine à peine que l'iPhone s'excite à nouveau. Cette fois, c'est le ministère de l'Intérieur. Un commissaire qui annonce au nouveau ministre la mise à disposition de deux officiers de sécurité et de deux chauffeurs. Rendez-vous est pris pour 13 h 15 en bas de l'immeuble.

Il ne veut pas le laisser paraître, mais Paul est très impressionné par le professionnalisme, le niveau d'information (« Comment ont-ils eu mon numéro de portable ? ») et la rapidité avec laquelle il est pris en charge par le ministère de l'Intérieur. Alors que le fonctionnement au sommet de l'État était plus ou moins chaotique depuis quelques semaines en raison des changements politiques, la machine d'État apparaît parfaitement huilée. Définitivement, on ne rigole plus.

Bon. Il semble que les questions matérielles, du moins les premières, commencent à se décanter naturellement. Conscient de n'être désormais plus totalement maître des choses, Paul réalise qu'il est impératif qu'il se fasse épauler et que s'il veut garder des marges de manœuvre à l'avenir, c'est dès maintenant que cela se prépare. Sa première décision de ministre : il n'ira pas seul au rendez-vous avec son ministre de tutelle. Il a besoin de quelqu'un de confiance à ses côtés. Quelqu'un qui par sa seule présence le rassurera, lui donnera confiance en lui et le conseillera. Tout novice qu'il est, Paul a bien conscience qu'il va devoir s'imposer.

Alors que les chaînes d'info en continu multiplient les directs pour commenter la naissance et la composition de ce nouveau gouvernement, Paul appelle ses deux plus proches collaboratrices, Sophie et Caroline, deux trentenaires qui travaillent avec lui depuis déjà quelques années, l'une en circonscription, l'autre à Paris. Au moment de décrocher son téléphone, il s'en veut de ne pas les avoir appelées plus tôt. Elles ne doivent plus savoir où donner de la tête. Les deux ont d'ailleurs cherché à le joindre à plusieurs reprises, sans succès.

Paul décide d'appeler en premier Sophie qui travaille en circonscription. Même si cette dernière n'est pas très éloignée de Paris, s'il veut que Sophie soit présente au rendez-vous avec le ministre de tutelle, il n'y a pas de temps à perdre. La jeune femme répond d'une voix excitée mais aussi angoissée dès la première sonnerie. L'appelant par son prénom et le tutoyant, la collaboratrice « historique » du nouveau ministre lui aboie presque dessus en lui demandant où il était passé, en lui disant que tout Paris le cherche et qu'elle ne sait pas quoi dire.

Paul, tout à sa gêne de ne pas avoir contacté ses collaborateurs plus tôt, ne bronche pas et laisse se déverser le flot de paroles. Puis, calmement, il reprend la main et demande sans préambule à Sophie si elle accepte de devenir sa conseillère com au ministère. À l'autre bout du fil, c'est un silence qui lui semble interminable tant la réponse lui paraît évidente.

« J'espère que c'est l'émotion qui t'empêche de répondre, reprend le nouveau ministre avec une pointe d'agacement.

– Je… je suis désolée. Heu, je veux dire monsieur le ministre, je réalise seulement maintenant que tu, que vous, heu, je ne sais même plus si je dois te tutoyer ou te vouvoyer, enfin, je viens juste de réaliser que tu entres au Gouvernement, et non seulement j'oublie de te féliciter, mais à la place je t'engueule.

– C'est pas grave, on va dire un partout, balle au centre, j'aurais dû t'appeler plus tôt. Bon, alors, le cabinet, conseillère com, ça te tente ?

– Évidemment, j'en rêve ! On a tout fait pour y arriver depuis deux ans et je t'avoue que je commençais un peu à tourner en rond.

– Eh oui, une nouvelle aventure commence. Mais maintenant, on arrête de rigoler. Jusqu'à présent, on faisait un peu ce qu'on voulait, ça va plus franchement être le cas.

– À ce propos, l'interrompt-elle, tu as une idée de comment ça se passe maintenant ?

– Pas vraiment, lui répond Paul. En fait, j'avance complètement à l'aveugle. La seule chose que je sache, c'est d'ailleurs pour cela que je t'appelais, c'est que j'ai rendez-vous à 14 heures avec mon ministre de tutelle. Je veux que tu sois là.

– OK. On se retrouve où ?

– Je te propose de passer à la maison. Je vais appeler également Caroline. On grignotera un morceau avant d'y aller. J'ai déjà un chauffeur et un officier de sécurité qui m'ont été attribués, ils nous emmèneront. Ne traîne pas, ils passent nous prendre à 13 h 30.

– OK. Et qu'est-ce qu'on fait de tous les appels en attente et des demandes de journalistes qui veulent absolument une réaction à ta nomination ?

– Rien pour l'instant, lui répond-il. Je veux y voir un peu plus clair avant de parler. Ce serait quand même ballot de commencer par une bourde médiatique.

– OK. Mais il faudra vite réfléchir à ta première sortie médiatique en tant que ministre. C'est dès le début qu'il faut que tu imprimes ta marque. On en reparle tout à l'heure. À tout de suite. »

Et ils raccrochent. Le nouveau ministre a dicté ses instructions avec une certaine fermeté qui le surprend lui-même. « Serait-ce déjà les premiers effets du costume de ministre ? se demande-t-il. On m'avait dit que ça venait vite, mais je ne pensais pas à ce point ! »

Son téléphone portable se remet à vibrer. C'est Caroline, ça tombe bien.

« Bonjour, Caroline, j'allais vous appeler », dit-il comme pour se justifier de ne pas l'avoir contactée plus tôt.

Caroline, c'est moi. Je suis son assistante à l'Assemblée nationale. Si Sophie s'occupe de la circonscription et de la presse, je suis en charge du travail parlementaire proprement dit, de la rédaction des propositions de loi, des amendements, mais aussi des discours, ou encore des liens avec le parti et avec le groupe parlementaire. J'ai toujours rêvé d'évoluer dans l'univers politique. Pour quelles raisons ? Difficile à dire. La volonté de faire, sûrement, le goût du pouvoir, probablement, l'adrénaline et l'exposition médiatique, assurément. Mais à l'image de tous les assistants parlementaires, mon Graal à moi est d'intégrer un cabinet ministériel. La providence vient de me l'offrir sur un plateau.

« Bonjour, monsieur le ministre ! dis-je d'une voix enjouée et dynamique. Alors, qu'est-ce que ça fait ? Vous êtes heureux ? »

Paul se sent désarmé pour répondre, bizarrement. En fait, il n'a pas eu le temps d'analyser sa nomination sous cet angle. À l'évidence, oui, il est heureux, il s'est tellement battu pour en arriver là. Mais maintenant que c'est fait, c'est comme si le poids de la fonction et le changement de statut le rattrapaient à la vitesse de la lumière et engloutissaient une forme de légèreté.

« J'aurais mauvaise grâce à dire que je ne suis pas heureux », s'entend-il me répondre. Il enchaîne immédiatement : « Caroline, les choses vont maintenant aller vite. Je ne sais pas exactement comment cela va se passer, mais je vois le ministre de tutelle tout à l'heure à 14 heures. J'aimerais que vous soyez là. Sophie sera présente également. Je lui ai proposé de s'occuper de la communication au cabinet. En ce qui vous concerne, est-ce que vous accepteriez d'occuper la fonction de chef de cabinet ? Vous avez du sens politique et un sens de l'organisation. Ce sont typiquement les qualités requises pour ce poste. Qu'en pensez-vous ?

– Vous ne pouvez pas me faire de plus grand honneur. Pour tout vous dire, j'avais peur que vous ne me proposiez pas de vous suivre au ministère. J'espère juste que je serai à la hauteur. Chef de cab d'un ministre, c'est quand même pas rien !

– Vous ferez ça très bien, Caroline, sinon, je ne vous le proposerais pas, et puis on apprendra en même temps, plaisante-t-il. Retrouvez-moi à la maison au plus vite, on mangera un bout et ensuite on file au ministère.

– OK, à tout de suite. »

Paul ne le sait pas encore, mais il vient probablement de prendre la dernière décision personnelle concernant son agenda. Désormais, il ne lui appartient plus.

Rue des Acacias, Paris 17e, vendredi, 12 h 30

Très agitées, quasi exaltées, Sophie et moi arrivons presque en même temps chez Paul en un temps record. L'excitation est visiblement partagée. J'ai encore le doigt sur la sonnette que Paul ouvre déjà la porte.

Si Sophie a déjà eu l'occasion de se rendre au domicile de son patron, pour moi c'est une grande première. Décidément, il s'agit vraiment d'une journée particulière.

L'appartement est étrangement calme au vu de la situation. Même les bruits de la rue ne semblent pas pouvoir pénétrer dans les lieux. Paul nous indique le salon.

Je connais par cœur mon patron. À l'évidence, il est tendu. Même un animal politique au cuir relativement tanné et qui est prêt à presque tout pour décrocher le sacro-saint portefeuille peut se montrer impressionné par cette nouvelle fonction qui, le croit-il encore, fait de lui un acteur des destinées de la France.

« Bon, les filles, dit-il en nous faisant asseoir dans les profonds et moelleux canapés en tissu couleur taupe. Maintenant, on entre dans le dur. Il faut aller vite pour prendre possession du poste, constituer le cabinet, réfléchir aux premiers messages qu'on veut faire passer sur notre mission et bien sûr préparer ma première sortie médiatique. »

Il est interrompu par les pas de sa compagne qui retentissent sur le parquet du couloir séparant la cuisine du salon. « Vous n'allez pas commencer sans boire une petite coupe de champagne ! s'écrie-t-elle. Ça se fête, quand même ! » La compagne de Paul est une quadra, avocate spécialisée en droit social et passionnée de politique. Mais dans l'ombre. Combien de fois a-t-elle dit qu'elle préférait faire de la politique par procuration, méthode beaucoup plus confortable selon elle, qui permet de dire vraiment ce que l'on pense, sans prendre les coups ? À y réfléchir, c'est la définition exacte de la mission des collaborateurs politiques. Il semble assez probable qu'elle fera partie de ces collaborateurs officieux mais à l'influence réelle au sein du futur cabinet. Pas simple à gérer ? L'avenir le dira.

L'initiative est plus que bienvenue et le bruit familier mais si sympathique du bouchon qui saute fait se dérider toute l'assistance.

La compagne du ministre, restée debout, levant son verre et très en verve s'écrie :

« À ta nomination, mon chéri, à cette nouvelle carrière qui s'ouvre et, bien sûr, à la France ! »

Vendredi, rue des Acacias, Paris 17e, 12 h 45

Les bulles de champagne pétillent encore dans les coupes que la conversation bat déjà son plein. Il ne faut pas perdre de temps.

La première question qu'il convient de régler, c'est la composition du cabinet et plus particulièrement le choix de son directeur. Compte tenu de l'appellation « nouvelle », pour ne pas dire atypique, du ministère, la réponse ne coule pas de source. Paul confère à son portefeuille une dimension très économique.

Qui dit ministère économique dit un directeur de cabinet issu de l'administration de Bercy et des grands corps, X-Ponts ou de l'inspection des Finances.

Paul demeure malgré tout dubitatif. Il n'arrive pas à se faire à l'idée qu'en réalité, à l'instant T, il n'a pas la moindre idée de la mission de ce ministère et de ce qu'on attend de lui.

Le profil du directeur de cabinet est l'objet de la quasi-totalité du déjeuner frugal et d'un débat animé. Sophie, déjà dans sa peau de communicante qui veut tout contrôler, insiste sur la totale loyauté dont le futur directeur doit faire preuve. Ce point n'est pas si anecdotique que ça. Le futur directeur, quel qu'il soit, sera en effet issu d'une administration à laquelle il restera attaché, avec ses propres codes et sa propre hiérarchie. Facteur de risque supplémentaire, ce ministère étant un secrétariat d'État, rattaché à un ministre de tutelle, le directeur devra probablement rendre des comptes au directeur de cabinet du ministre plein, voire au ministre plein lui-même. Si l'entente s'avère cordiale avec son secrétaire d'État, pas de problème ; dans le cas contraire…

C'est aussi pour cette raison que Sophie veut s'assurer qu'elle contrôlera non seulement la com de son ministre, mais aussi celle du directeur de cabinet. Paul estime qu'il faudra être clair avec lui, dès le début.

Il commence à égrener quelques noms pouvant correspondre au profil dressé. Des hauts fonctionnaires qu'il a rencontrés depuis qu'il est député ou des gens dont on lui a parlé. Sans enthousiasme. Il est d'autant moins emballé lorsque j'émets un doute : d'après moi, même si le ministère a une résonance économique marquée, c'est aussi un maroquin très transversal, sans structure administrative préexistante et qui nécessite une capacité d'orchestration, d'organisation et d'autorité importante. Pour moi, le futur directeur de cabinet doit donc être un… préfet !

« Un préfet à Bercy ! manque de s'étrangler Paul. Ce serait une vraie révolution !

– Oui, peut-être. Mais justement, au passage, ce serait le moyen d'imprimer votre marque. Si vous avez un directeur de cabinet à la solde des inspecteurs des finances, vous pouvez être certain que vous ne serez pas le patron, surtout si vous devez travailler avec d'autres administrations. Il vous faut vraiment quelqu'un qui soit en mesure de créer cette autorité.

– Je pourrai plus facilement contrôler sa com, enchaîne Sophie.

– Bon, on ne réglera pas ça tout de suite, de toute façon. Il est assez probable que mon ministre de tutelle ait un avis sur la question », dit-il avec un clin d'œil.

Paul sait que quand ses deux collaboratrices tombent d'accord, la conversation est sans issue. Si leurs arguments ont du sens, il ne se sent pas l'âme d'un révolutionnaire avant même d'entrer en fonction.

Il est sauvé par le gong. Ou plutôt par la sonnette de l'appartement qui retentit. Le nouveau ministre jette un coup d'œil à sa montre. 13 h 20. Il se précipite à l'interphone. C'est son officier de sécurité qui lui signale qu'ils sont en bas avec son chauffeur et qu'il ne faut pas tarder. Paul obtempère sur-le-champ et nous invite à récupérer manteaux et sacs. Il embrasse rapidement sa compagne et ouvre la porte d'un geste décidé.

III

THE SHOW MUST GO ON

Rue des Acacias, 13 h 25

Nous n'avons pas le temps de prendre l'ascenseur et nous descendons les marches quatre à quatre.

Les deux hommes nous attendent, presque au garde-à-vous : le chauffeur, debout à côté de la C6 bleu nuit dont le moteur puissant ronronne doucement, et l'officier de sécurité, un solide gaillard au visage avenant et au regard franc, quelques pas devant lui, qui guette l'ouverture de la porte cochère. À l'évidence, il est surpris de voir le ministre accompagné de deux jeunes femmes. Essayant de ne pas le laisser transparaître, il s'avance vers le nouveau ministre.

« Bonjour, monsieur le ministre, je m'appelle Roland. Je suis l'un des deux officiers de sécurité affectés à votre protection.

– Bonjour, Roland, lui répond Paul avec un grand sourire. Je vous préviens, je suis un indécrottable indépendant, je ne suis pas certain d'être un bon client pour vous.

– Pas de problème, monsieur, on a l'habitude, lui répond-il imperturbable, mais avec des yeux pleins de malice.

– Il faudra que vous m'expliquiez où commence et où s'arrête votre mission, enchaîne Paul. Je n'ai pas l'intention de vivre en cage », continue-t-il, se parlant à lui-même.

Paradoxalement, alors que certains raffolent, voire courent après tout ce qui peut s'apparenter à un attribut de pouvoir, et Dieu sait que la grosse voiture, le chauffeur et le cerbère en font partie, le côté « encadrement » et mise en liberté surveillée sont franchement redoutés par Paul.

Nous nous installons tant bien que mal dans la C6 ministérielle, Paul derrière l'officier de sécurité, Sophie et moi à côté l'une de l'autre.

« En fait, ces grosses voitures ne sont pas si spacieuses que ça », plaisante Sophie tandis qu'elle tente de mettre son sac à main taille XXL, dans lequel doit tenir toute sa vie, sur ses genoux.

Quant à moi, je me suis glissée au milieu. Ma petite corpulence rend la manœuvre possible, mais la position est néanmoins inconfortable. Pour le voyage version famille nombreuse, on repassera.

Comme pour faire écho à ces pensées, une voix au ton jovial se fait entendre, provenant du siège avant gauche :

« Bonjour, monsieur le ministre, moi, c'est Bernard. Ça va, vous êtes bien installé ? » Sans attendre de réponse, il continue : « Côté timing, on est bien, là. Y aura pas besoin d'appuyer sur le champignon ni de trop jouer du gyro. »

Paul ouvre des yeux écarquillés. Il n'en croit pas ses oreilles.

« Il est toujours comme ça ? » s'enquiert-il auprès de Roland.

Un peu embarrassé, ne sachant pas sur quel ton répondre, et surtout ne voulant pas manquer de respect à son nouveau patron, Roland hésite.

« Heu, vous savez, monsieur le ministre, Bernard, c'est vraiment un as au volant, mais faut un peu le tenir, à tous points de vue.

– Pas de problème, répond Paul, sentant la gêne de son officier de sécurité. Mais dès qu'on sera un peu plus installés, il faudra que vous m'expliquiez comment vous fonctionnez. » Il se reprend aussitôt : « En fait, non, c'est moi qui vous expliquerai comment JE fonctionne. »

Par cet échange commencent deux ans de négociations qui seront quasi ininterrompues afin de déterminer le degré de liberté des uns et des autres. Mais cela, tous les protagonistes l'ignorent encore.

Les portières à peine claquées, la C6 démarre en trombe.

Sur le trajet vers Bercy

À l'heure ou pas à l'heure, il semble que Bernard a effectivement le pied lourd sur l'accélérateur. C'est les fesses un peu serrées que les passagers arrière voient la place de l'Étoile en ligne de mire. La C6 l'attaque dans un vrombissement puissant, soudain accompagné du cri strident d'un gyrophare que Roland vient d'actionner à l'avant de la voiture.

« Allez-y mollo quand même, intervient Paul. À ce rythme-là, je serai mort avant même d'entrer en fonction », dit-il mi-sérieux, mi-amusé.

De notre côté, nous ne pipons mot, Sophie et moi, l'une s'accrochant à la portière, l'autre aux sièges avant afin d'éviter de finir écroulée sur notre patron.

Au-delà de la vitesse, le son strident du gyrophare est particulièrement stressant. La C6 semble presque voler au milieu du trafic. La conduite, certes nerveuse mais précise, au millimètre parfois, de Bernard, permet de rouler à vitesse quasi constante. La place de l'Étoile, pourtant totalement embouteillée, est avalée en quelques secondes.

Alors que la berline de fonction entame sa descente des Champs-Élysées, toujours toutes sirènes hurlantes, Paul marque son premier signe de désapprobation et demande à Roland de faire taire ce maudit gyro très envahissant :

« Honnêtement, Roland, je suis désolé de commencer comme ça, mais votre gyro, c'est insupportable. On ne s'entend pas parler et dans le genre discret on fait mieux.

– Bien monsieur », se contente de répondre Roland qui, sans pour autant éteindre le gyrophare ni le son, en baisse le ton.

Paul découvre en temps réel pourquoi l'autre nom des gyrophares est le « deux tons ».

Un semblant de calme revient dans la voiture. Les oreilles moins agressées, nous réentamons timidement une conversation après que Paul a demandé à Roland de mettre la radio sur France Info.

Sur fond de biographies énumérées par des journalistes surexcités par l'événement et commentant la composition de ce nouveau gouvernement comme on commente la composition de l'équipe de France de foot, Paul donne ses premières instructions à ses collaboratrices :

« Les filles, comme vous, je n'ai qu'une idée très approximative de ce qui va se passer dans les minutes et les heures qui viennent. Ce qui est certain, c'est que c'est dès le début qu'il va falloir, passez-moi l'expression, faire pipi sur notre territoire. Nous sommes six ministres à Bercy. Le ministre d'État, le ministre du Budget et quatre secrétaires d'État. Autant dire qu'on n'est pas loin du trop-plein et qu'il va falloir jouer des coudes au sens propre comme au sens figuré. C'est d'autant plus vrai pour nous qu'on a un portefeuille qui n'a jamais existé et qu'il va falloir le créer de toutes pièces. »

Il s'interrompt une seconde, comme pour mesurer son effet, puis reprend :

« J'attends de vous deux choses. La première, d'être extrêmement attentives à tout ce qui se passera et se dira lors de la passation de pouvoirs et lors de mon entretien avec notre ministre de tutelle. La seconde, chacune dans votre rôle, de faire en sorte que je sois le plus rapidement possible installé. Ça veut dire que j'attends de toi, Sophie, que tu me cales, dans la foulée de mon entretien avec le ministre d'État, une série d'interviews avec la presse afin que je pose ma marque. Caroline, de votre côté, vous vous renseignez et vous prenez toutes les dispositions nécessaires pour qu'on s'installe matériellement et physiquement. »

Sophie et moi, nous écoutons sans broncher, enregistrant les consignes de notre patron, tels deux soldats s'apprêtant à partir au front.

À cet instant, pour la première fois depuis le début du trajet, Paul prend le temps de respirer et de regarder Paris défiler à vive allure derrière sa vitre teintée. Et pour la première fois, un sentiment de griserie l'envahit. La vitesse, les ordres qu'il donne, ce fameux gyro, symbole entre les symboles de l'autorité affichée, les médias. Il se sent vivant. Surtout, il sait pourquoi il a fait tant de sacrifices jusqu'à présent. Cette adrénaline et cette impression de puissance sont des stimulants dont la force dépasse tout ce qu'on avait pu lui décrire. À cet instant, il se sent invincible.

Bercy, ministère de l'Économie et des Finances, Paris 12e, 13 h 52

Huit minutes avant l'heure H, la voiture se présente à l'entrée du ministère de l'Économie et des Finances, rue de Bercy. Il y a foule et les douaniers en charge du contrôle des entrées semblent quelque peu dépassés. Aucun d'entre eux ne voit la C6. Un petit coup de « deux tons » permet d'attirer leur attention. Un gros moustachu, engoncé dans un uniforme trop petit, se précipite. Roland baisse sa vitre et décline l'identité du ministre. Le douanier, d'un air soupçonneux, jette un coup d'œil à l'intérieur de la voiture. Puis sans poser la moindre question sur notre présence à Sophie et à moi, il fait signe à l'un de ses collègues de lever la barrière.

Paul n'est pas un grand connaisseur du protocole républicain, mais il est surpris par la légèreté de l'attitude des douaniers.

La C6 s'engage lentement dans la contre-allée longeant l'imposant bâtiment. Gris, austère, prétendument moderne mais déjà vieux. « Pas très riant », pense Paul. Le stress refait son apparition. Notre ministre s'apprête à entrer dans l'arène. Il ne sait toujours pas ce qu'il a à faire. Son pouls s'accélère.

Sophie et moi, nous nous taisons.

La voiture tourne doucement à gauche et s'engage sur une sorte de rampe donnant accès à la cour de l'Hôtel des ministres. Cette cour n'a rien d'extraordinaire. Elle est parfaitement carrée, goudronnée sur ses parties extérieures pour le passage des voitures et en gravier à l'intérieur. Elle fait néanmoins son petit effet en raison des immenses mâts au sommet desquels flottent les drapeaux français et européen.

Bernard engage la C6 dans la cour et la stoppe quelques mètres plus loin devant l'Hôtel des ministres.

L'Hôtel des ministres est une partie du ministère bien distincte. D'abord par son architecture. Cet immense bâtiment de verre dénote dans l'univers de béton. Ensuite, par sa destination. Tous les ministres relevant de Bercy, ainsi que leurs cabinets, y ont leurs bureaux. Quand tout va bien, chaque ministre dispose d'un étage. L'étage est attribué en fonction du rang protocolaire. Le ministre de l'Économie et des Finances s'installe au sixième, celui du Budget au cinquième, celui de l'Industrie au quatrième, ceux du Commerce extérieur et de la Consommation au troisième.

La répartition, cette fois-ci, s'annonce plus difficile.

À 13 h 55, un huissier en grande tenue ouvre la porte de la C6. Paul prend une profonde inspiration et sort.

Hôtel des ministres, 13 h 55

On a coutume de dire que la politique, c'est du théâtre. Paul, à cet instant, ne peut pas dire le contraire. Il a à peine posé le pied par terre que le crépitement des flashs fuse de toutes parts. On se croirait au Festival de Cannes. Il salue l'huissier ainsi que quelques personnes qu'il ne connaît pas, probablement des responsables administratifs du ministère, et se retourne.

Ce qu'il voit le fait reculer instinctivement. C'est une véritable meute de journalistes qui est contenue par une sorte de cordon, dans un périmètre restreint. Des appareils photo sont brandis en l'air, des caméras ratissent tout sur leur passage, des micros se tendent. Paul a l'impression d'être une star. « Monsieur le ministre, une réaction ?! », « Paul, qu'est-ce que vous ressentez à cet instant ? » hurlent les journalistes. Il n'en connaît aucun, du moins c'est l'impression qu'il a.

Par réflexe, Paul salue la meute et lui adresse un large sourire sans répondre à la moindre question. Il se sent sans filet. Il ne dirait que des banalités et il ne veut surtout pas commettre le moindre impair avant même sa prise de fonction. Sophie, qui s'est faufilée auprès de lui, exerce une légère pression dans son dos pour lui signifier qu'il est temps de rejoindre le ministère. Paul s'empresse de saisir l'occasion et s'engouffre d'un pas rapide dans le hall, sa suite derrière lui.

Le hall du ministère de l'Économie et des Finances est d'une taille impressionnante. En raison de sa modernité, il n'a pas la même majesté que les ministères installés dans les palais de la République. Mais cette immense rotonde composée de marbre et de bois clair avec une hauteur sous plafond de plusieurs dizaines de mètres fait son effet. Au fond de la rotonde s'affichent fièrement les portraits de tous les ministres de l'Économie et des Finances. À en juger par leur nombre, le turnover est important.

Paul sort de sa contemplation grâce à un huissier dont la chaîne semble plus lourde encore que celle de son collègue qui a ouvert la porte de la voiture. « Ce doit être le patron, se dit Paul. Visiblement, en ce qui concerne les huissiers aussi, la hiérarchie et le protocole doivent être respectés. » Très cérémonieusement et donnant du monsieur le ministre toutes les deux phrases, le chef huissier indique à Paul qu'on va le conduire au sixième étage, où les ministres de l'Économie, successeur et prédécesseur, se trouvent déjà et font le point sur les dossiers en cours. Il est conduit aux ascenseurs, Sophie et moi sur ses talons. En l'espace de quelques mètres, le décor change du tout au tout. Au marbre et au bois clair succèdent des murs à l'apparence triste et morne, d'un bleu un peu délavé. Fini l'apparat, on entre dans l'opérationnel.

Un nouvel huissier prend la relève dans l'escorte du ministre. Il appelle un des ascenseurs qui s'ouvre presque aussitôt. Nous y pénétrons.

Tandis que l'ascenseur s'élève dans les étages, le silence à l'intérieur est total. L'huissier, concentré sur sa tâche et sérieux comme un pape, se tient cérémonieusement à côté du tableau de commande des boutons. Paul, lui, fixe les portes. Un nouvel univers s'annonce pour lui à leur ouverture. Quant à moi, je suis perdue dans mes pensées. Je sens un nœud à l'estomac quand je réalise que je ne sais absolument pas par quel bout commencer pour donner forme à un semblant de cabinet. Je regarde Sophie du coin de l'œil. Elle n'a pas l'air plus rassurée. Probablement l'angoisse de devoir gérer la presse déchaînée à l'issue de la passation de pouvoirs.

Une voix féminine et métallique indique le sixième étage. Les portes s'ouvrent sur une nouvelle rotonde dont les parois semblent faites en contreplaqué. « C'est vraiment moche », pense Paul.

Nous sommes accueillis par un troisième huissier, affecté spécialement au sixième étage. Il nous conduit dans une sorte d'antichambre au décor sobre et un peu passé. L'huissier nous désigne les canapés.

« Asseyez-vous, monsieur le ministre, je vais prévenir le ministre d'État de votre arrivée. »

Nous nous installons. Nous sommes tous les trois nerveux. À ce stade, nous ne faisons que suivre le mouvement. Nous avons le sentiment de ne rien maîtriser. Paul semble concentré tandis que Sophie tripatouille son iPhone qui ne cesse de vibrer. De mon côté, je fais les cent pas dans la pièce. Au bout de quelques minutes qui nous semblent particulièrement longues, l'huissier réapparaît.

« Le ministre d'État est prêt à vous recevoir », dit-il, tout en désignant la porte d'entrée du bureau.

Il l'ouvre délicatement et nous pénétrons dans l'antre de Bercy.

Bureau du ministre d'État, Bercy, 14 h 15

La pièce est immense. Cernée de grandes baies vitrées, elle pourrait paraître froide sans la moquette beige qui vient réchauffer le décor. Le bureau est à la dimension de la pièce, imposant et moderne. Tout est en ordre, presque figé. On dirait une publicité de magazine de décoration pour loft moderne.

« Entre Paul, entre. »

L'homme qui s'avance vers nous est de taille moyenne, la chevelure et les yeux bruns, et dégage une énergie incroyable. Il a ôté sa veste et semble déjà parfaitement à son aise. Au fond de la pièce, le ministre auquel il succède est assis, un peu tassé et presque rabougri dans un fauteuil club de style moderne. Les deux hommes sont accompagnés de leurs directeurs de cabinet respectifs.

« Je constate que tu es bien entouré, reprend le ministre d'État en nous apercevant. Vous avez déjà mis votre bleu de travail à ce que je vois », dit-il avec des yeux malicieux en me regardant.

Je suis effectivement en jean, tenue traditionnelle du *Friday wear*. Ce matin, en m'habillant, j'étais loin de m'imaginer que quelques heures plus tard je me retrouverais dans le bureau du numéro deux du Gouvernement.

« Toujours prête », lui affirmé-je sans me démonter.

Le ministre sourit et invite Paul à s'asseoir.

« Tant mieux, car nous avons du pain sur la planche. Installe-toi, Paul, nous étions en train de balayer les dossiers en cours. »

Son prédécesseur n'a toujours pas prononcé le moindre mot. Dans sa tête, il est déjà parti et songe probablement aux prochaines heures où il va devoir tenter de se faire réélire dans sa circonscription et se réhabituer à une vie plus… normale. Pas si simple, dans les deux cas. Paul lui serre la main avant de s'asseoir. Elle est molle.

« Bon, nous avons échangé avec Michel sur les grandes lignes de notre politique économique et nos marges de manœuvre. La situation n'est pas folichonne, mais c'est bien pour ça que les Français ont fait appel à nous. En ce qui te concerne, Paul, j'avoue qu'il va falloir qu'on réfléchisse un peu à ce qu'on va mettre dans ton portefeuille. On peut un peu y mettre tout et n'importe quoi et puis, surtout, aucune administration en tant que telle ne couvre ce champ de compétences. Ça annonce un joli micmac.

– J'aurai des propositions à te faire, François, j'y ai déjà un peu réfléchi, déclare Paul un peu abruptement, sentant qu'il est nécessaire qu'il pose quelques jalons.

– Très bien, très bien, nous en reparlerons. La question qu'il faut régler d'abord, c'est l'organisation générale du ministère et où vous allez poser vos valises. Et là, je ne te cache pas que c'est la crise du logement.

– Où sont les autres ministres, d'ailleurs ? Je ne les ai pas vus en arrivant.

– Ils doivent tous être dans les parages, dans les différents étages avec leurs prédécesseurs, quand ils en ont un. Nous ferons une passation de pouvoirs groupée. Ça fera bien pour les photos et comme ça on gagne du temps. C'est pour cela que je t'ai demandé de venir me voir dès le début. Il faut innover, hein, Michel ? dit-il en se tournant vers son prédécesseur.

– La seule chose que je puisse vous conseiller, intervient alors le ministre de l'Économie déchu, c'est de coller au maximum à l'organisation de l'Administration, que ce soit en termes de répartition de compétences ou géographiquement. Les services n'aiment pas trop les changements, vous savez, et vous risquez une belle pagaille si vous les bousculez un peu trop.

– Alors là, Michel, si vous pensez que je vais me laisser dicter l'organisation de mon ministère par l'Administration, vous vous mettez le doigt dans l'œil ! Ce sera même la première occasion de montrer qu'il y a désormais un vrai patron à bord », s'emporte le ministre d'État.

Dans son élan, il ne s'est même pas rendu compte que sa remarque est particulièrement offensante pour son interlocuteur. Celui-ci y accorde peu d'importance. Son énergique successeur, aussi volontaire soit-il, se rendra vite compte que les choses sont un peu plus compliquées qu'il ne le pense et que, dans ce genre de bras de fer, l'Administration sort souvent vainqueur.

« Là où vous avez raison, reprend François, c'est qu'il faut tout de suite marquer le coup, et ça passe par une mise en place rapide. » Il se tourne vers l'ex-directeur de cabinet. « Monsieur le directeur, selon vous, quelles sont les différentes options, en ce qui concerne l'emménagement et l'installation de tous les ministres qui relèvent de Bercy ? »

D'un ton sobre, l'ancien directeur de cabinet décrit de manière précise l'organisation matérielle du ministère, la répartition des services et celle des cabinets. Même si Bercy a été conçu comme un mastodonte, les murs ne peuvent être poussés. Avec six ministres relevant du ministère de l'Économie et des Finances, sans parler de la tendance à l'inflation du nombre de conseillers dans chaque cabinet, à l'évidence, ça ne peut que coincer.

« Ce qui rend l'exercice particulièrement difficile cette fois-ci, c'est que vous avez un nouveau ministère créé de toutes pièces, dont on ne connaît même pas les contours exacts. Au premier abord, il me semble même qu'il couvrira certaines administrations qui ne relèvent pas et n'ont jamais relevé de Bercy.

– Je ne vois pas en quoi cela rend les choses si difficiles, lance Paul. Ce nouveau portefeuille ministériel est créé, l'Administration s'adaptera afin de lui donner tous les moyens nécessaires à la mission confiée par le président de la République et le Premier ministre.

– C'est un peu plus compliqué que ça, lui répond poliment le directeur de cabinet.

– Paul a raison, enchaîne le ministre d'État. Ce n'est pas à l'Administration de nous dicter la nouvelle organisation du ministère. Ce que je vous demande, monsieur le directeur, à nouveau, ce sont les possibilités que nous avons, dit-il d'un ton sec.

– Ce que je peux vous dire, monsieur le ministre d'État, c'est que les premier et deuxième étages sont réservés à certains services, comme le bureau des cabinets, qui vous sera très utile. Au troisième étage, nous avons le ministre du Commerce extérieur et son cabinet ; au quatrième, le ministère de l'Industrie ; au cinquième, le ministère du Budget ; et au sixième, le ministre de l'Économie et des Finances et son cabinet.

– Bon, j'ai donc deux ministres en trop. Est-ce qu'il y a la possibilité de diviser un étage en deux ou de déménager un service ?

– Entre ces deux options, je vous conseille vivement de privilégier la première.

– Ouais, ça s'annonce coton, cette histoire. Paul, à l'évidence, c'est ton ministère qui va être le plus difficile à caser. Ce qu'on va faire, c'est qu'on fait la passation de pouvoirs et on remonte pour régler tout ça. Laurent, dit-il en se tournant vers son directeur de cabinet, contactez le secrétaire général du ministère pour qu'il soit là quand on revient. Après tout, c'est à lui de gérer ce bordel. »

On frappe à la porte. L'huissier entre et indique à François que ses autres ministres sont prêts pour la passation de pouvoirs et les attendent dans les salles de réception.

« OK, on y est maintenant. Michel, on a vu tout ce que nous devions voir. Il n'y a pas d'autres sujets sur lesquels vous souhaitiez attirer mon attention ? »

L'ancien ministre lui répond non par un signe de tête.

« Alors c'est parti ! »

Ils se lèvent tous comme un seul homme et se dirigent en trombe vers les ascenseurs. Sophie et moi leur emboîtons le pas. Nous n'avons pas perdu une seule miette de ce qui s'est dit. Nous étions fondues dans la pièce, au point que personne ne semblait nous remarquer. Ni l'une ni l'autre pour autant ne sortons rassurées de cette réunion irréelle. Sophie n'a toujours pas la moindre idée de sa marge de manœuvre pour la com de Paul. Quant à moi, ma mission de bâtir un ministère de toutes pièces s'annonce titanesque. J'ai l'impression de devoir gravir l'Everest avec des tongs.

Les trois ministres et les deux directeurs de cabinet foncent dans l'ascenseur qui les attendait toutes portes ouvertes. Sophie et moi, nous prenons l'ascenseur d'à côté. Nous entendons monter progressivement la rumeur de la foule qui piétine en nous attendant. Après l'annonce du Gouvernement par le secrétaire général de l'Élysée, les passations de pouvoirs sont le deuxième événement médiatique.

À la sortie des ascenseurs, nous sommes dirigés vers un salon où nous attendent les ministres entrants et sortants. L'atmosphère est relativement décontractée. Certains ministres sortants semblent presque soulagés de passer à autre chose. Le ministre d'État fait son entrée dans un silence religieux. Il les salue tous un à un. La poignée de main est franche et rapide. Puis, tel un chef de bande, Paul toujours sur ses talons et son prédécesseur à ses côtés, il s'adresse à eux :

« Mes chers amis, une page se tourne pour certains, elle s'ouvre pour les autres. Mais que ce soit passé ou à venir, gardons à l'esprit que nous exerçons la plus belle des missions, celle de servir notre pays. » Le ton est solennel et énergique. « Allons-y sans plus tarder, nos amis journalistes doivent commencer à s'impatienter. »

Et il s'engouffre dans le long couloir qui mène à la salle de réception. Derrière, ça se bouscule déjà pour mettre ses pas dans les siens. Accueillis par les applaudissements des personnels en place lors du précédent gouvernement, tous les ministres se glissent l'un après l'autre sur la tribune spécialement dressée pour l'occasion. L'image est à la fois belle et bizarre. Pas moins de dix ministres (aucune femme) saucissonnés et jouant des coudes, les uns avec un sourire figé, les autres la mâchoire serrée. Paul fait partie du premier lot.

Les flashs crépitent de partout. Les caméras bousculent tout sur leur passage pour tenter d'approcher au plus près de ce qui commence à ressembler plus à une scène qu'à une tribune. Le ministre d'État savoure son plaisir. Paul, trop discipliné pour écraser quelques pieds, s'est retrouvé à l'extrémité de la scène. Il peste et se jure que l'on ne l'y reprendra pas. Quelque part dans la pièce, Sophie enrage littéralement. Les discours sont brefs et classiques. Aucune des deux équipes n'a envie de s'éterniser. Le moment est émouvant mais aussi (surtout ?) humiliant pour les sortants. Quant aux vainqueurs, la France les attend.

Après les remerciements, félicitations et encouragements d'usage, les deux ministres des Finances se serrent virilement la main, sous des applaudissements qui redoublent. J'aperçois, noyée dans la foule, plusieurs femmes qui pleurent. Je ne peux m'empêcher de me demander comment je réagirais si j'étais à leur place. Je le saurai car je serai un jour à leur place. La seule question est : quand ? D'un sursaut je me ressaisis, m'enguirlandant de penser à de tels trucs maintenant. Un mouvement de foule s'amorce. Fonçant tête baissée, je me fraye un chemin pour approcher de mon patron. J'ai été devancée par Sophie qui, malgré sa petite taille et son poids plume, fait office de garde du corps.

Aidés des huissiers, les ministres s'extraient de la salle pour passer au troisième et dernier acte de la passation de pouvoirs, qui consiste à raccompagner son prédécesseur jusqu'à sa voiture. Cet acte qui se veut un acte de respect et de courtoisie a quand même un petit côté « débarrasse-moi le plancher ». Mais la coutume républicaine a ses rites auxquels on ne saurait déroger. Devant les quelques caméras et photographes restés en bas, dernière série de poignées de main, dernières salutations. Puis, un à un, les ministres déchus disparaissent.

Content de son opération, François, désormais seul et unique ministre d'État, ministre des Finances, se retourne vers ses ministres.

« Au boulot maintenant. Paul, Antoine, comme vous n'avez pas de bureau, suivez-moi. »

Et le voilà reparti, direction le sixième étage, ses deux ministres sous le bras.

Avec Sophie, nous restons interdites. Nous ne savons pas trop quoi faire. Est-ce que nous avons le droit de suivre ? Est-ce que nous DEVONS suivre ? Ou au contraire est-ce que c'est crime de lèse-majesté de se glisser derrière notre patron ? Notre curiosité et le besoin de rester « scotchées » à lui nous poussent à tenter le coup. En même temps, nous avons le sentiment que Paul nous échappe déjà un peu depuis quelques heures. Trop de monde, déjà. N'y tenant pas, nous emboîtons le pas. Nous partons du principe que, si Paul a besoin de nous, il faut qu'il puisse nous mettre la main dessus rapidement. Nous sommes d'ailleurs imitées par un grand mec à la belle gueule mais à l'allure plutôt prétentieuse.

Sixième étage, quasi-retour à la case départ

Cette fois, le message est clair. L'huissier referme sèchement la porte du bureau une fois les ministres à l'intérieur. Ne sachant trop quoi faire, nous nous installons avec le beau gosse dans l'antichambre. Sophie brise la glace :

« Tu bosses avec Antoine ?

– Oui, je suis son conseiller spécial, dit-il en se rengorgeant, visiblement très content de lui.

– Tu travailles depuis longtemps avec lui ?

– Oui et non. J'étais directeur associé dans une grosse agence de com et je l'avais dans mon portefeuille client. On a fait quelques coups marrants. C'est grâce à notre stratégie qu'il est aujourd'hui au Gouvernement. »

Ce type est définitivement insupportable. Mais il doit avoir raison. Son patron, Antoine, n'est pas connu pour être un cador. Sa personnalité lisse et consensuelle laisse entrevoir un personnage ennuyeux. S'il est aujourd'hui ministre de la Consommation, c'est qu'il a su faire un lobbying pas trop agressif mais constant auprès de tous les pontes. Son manque de personnalité est en quelque sorte devenu un atout permettant de dégager un consensus autour de lui. En gros, il fera le boulot mais ne dérangera personne.

Nous sommes interrompus par l'arrivée d'un petit bonhomme au teint aussi gris que son costume. Tout rabougri et presque asséché, il a des airs de mec pas fiable. Je me demande qui peut bien être ce gars. La réponse ne tarde pas.

« Vous êtes attendu, monsieur le secrétaire général », dit l'huissier en s'adressant à l'homme passe-muraille et en ouvrant cérémonieusement la porte du bureau du ministre d'État.

Je regarde ma montre. Il est 15 h 20. Je commence déjà à ressentir une forme de fatigue. Le rythme a été intense depuis quelques heures. Pour la première fois, dans cette antichambre, le temps donne l'impression de suspendre son vol. Chacun est dans ses pensées. On a souvent tendance à opposer réflexion et action. À cet instant, je ne peux pas dire le contraire. Le tourbillon jusqu'à présent a eu le mérite de m'éviter de trop penser à tous les obstacles que j'allais trouver sur mon chemin. Dans le silence de cette salle d'attente, mes inquiétudes refont surface, comme une claque.

Issue d'une famille de bourgeoisie moyenne, j'ai grandi dans une ville distante d'une trentaine de kilomètres de Paris. École publique, collège et lycée privés, études de droit à l'Université puis diplôme de Sciences Po, j'ai toujours été attirée par la chose publique. Durant mes études, j'avais fait un stage auprès du député de ma ville et je m'étais découvert une vocation. Je voulais travailler à l'Assemblée nationale puis dans un cabinet ministériel.

Grosse travailleuse, j'ai saisi les opportunités qui s'offraient à moi. J'ai commencé ma carrière professionnelle en entrant au groupe parlementaire Démocratie libérale à l'Assemblée nationale. J'y ai découvert l'univers fascinant de la vie politique parlementaire et son corollaire, l'univers médiatique. Ces deux univers se répondent autant qu'ils s'affrontent, s'admirent autant qu'ils se dénigrent, se rejettent autant qu'ils se recherchent. Après deux ans au service du groupe en charge du suivi de la commission des Lois, j'ai décidé de me mettre au service d'un seul parlementaire. Le travail au sein d'un groupe était extrêmement instructif mais demandait un travail de forçat avec peu de reconnaissance car collectif. J'en ai néanmoins gardé des souvenirs extraordinaires. Je me souviens de la puissance de mon émotion lorsque j'ai entendu pour la première fois à la radio le discours que j'avais rédigé pour un parlementaire de mon groupe sur le PACS. C'était comme si je l'avais prononcé moi-même à la tribune de l'Assemblée. Puis, au fur et à mesure des projets de loi et des séances de nuit, mon enthousiasme s'est émoussé, mais la passion de la politique demeurait. Je vis comme un signe du ciel la proposition qui me fut faite de connaître aussi l'autre côté de la barrière et de me présenter, parité oblige, sur une liste pour les élections municipales dans ma ville quasi natale. Je n'ai pas hésité une seule seconde et je me suis engagée avec fougue dans cette bataille. En parallèle, j'ai décidé de quitter le groupe parlementaire qui ne me laissait pas assez de temps et je me suis mise au service d'un jeune député que je pensais plein d'avenir. Une nouvelle étape s'ouvrait. Désormais je voulais construire.

Tous ces souvenirs me reviennent d'un coup en mémoire. Je réalise que je suis en train de faire le premier bilan des efforts accomplis jusqu'à présent. J'entame le deuxième épisode, tant désiré et fantasmé, celui du cabinet ministériel.

À côté de moi, le beau gosse téléphone à on ne sait qui mais fait tout pour le faire savoir. À l'entendre, c'est lui qui vient d'être nommé ministre et la France n'a qu'à bien se tenir. J'intercepte le regard exaspéré de Sophie. Cela ne l'empêche pas de pianoter frénétiquement sur son iPhone. Les journalistes doivent se montrer plus pressants et impatients que jamais. Si Sophie sait à peu près ce qu'elle doit faire pour gérer la meute de journalistes affamés, de mon côté je me sens totalement désarmée. Je n'ai pas le début du commencement de la moindre idée de comment organiser un cabinet, voire tout simplement créer un ministère. J'ai un peu l'impression d'être un canard sans tête qui s'agite dans tous les sens sans savoir quelle direction prendre. Je croise les doigts pour que le secrétaire général du ministère éclaircisse un peu la situation et me mette le pied à l'étrier.

Bientôt 16 heures. Cela fait plus d'une demi-heure que les ministres et le secrétaire général sont enfermés dans le bureau. Sophie commence à s'impatienter. Même si, contrairement à moi, elle sait ce qu'elle a à faire, ne pas savoir quoi dire et ne pas être au courant de ce qui se trame dans le bureau la rend folle.

Soudain, la porte s'ouvre, aussi brutalement qu'elle s'était refermée plus tôt. Le ministre d'État apparaît sur le seuil, plus bondissant que jamais.

« Bon ben Antoine, t'as maintenant ta feuille de route, à toi de montrer ce que tu sais faire. »

Le ministre de la Consommation apparaît à son tour. Il serre vigoureusement la main du ministre d'État.

« Vous pouvez compter sur moi », lui répond-il un peu cérémonieusement avant de quitter la pièce et d'embarquer son encombrant collaborateur.

Puis le ministre d'État, un petit sourire aux lèvres, se tourne vers nous.

« À nous, mesdemoiselles. »

Et il nous fait signe d'entrer.

IV

POUSSE-TOI DE LÀ QUE JE M'Y METTE !

Nous entrons dans le bureau, le ministre d'État sur nos talons. Paul, le directeur de cabinet et le secrétaire général sont assis autour de la table de réunion. Des dossiers et ce qui ressemble à des plans sont disposés devant eux. Nous nous asseyons en bout de table, un peu intimidées. Le ministre d'État prend immédiatement la parole :

« Nous avons un problème de place. » Puis, se tournant vers Paul : « On a réglé la question de savoir à quoi servait ton ministère, mais, pour autant, on ne sait toujours pas où on vous case. »

Paul, à cet instant, ne sait trop quoi penser. S'il commence à se faire à l'idée de sa nomination, il a bien conscience que son maroquin est peu académique. Les railleries ne tarderont pas.

Le directeur de cabinet, aidé du secrétaire général, présente les différentes options possibles. Soit on pousse les murs à Bercy, soit on réquisitionne des locaux ailleurs. L'option interne est rapidement évacuée. Avec six ministres, Bercy déborde. Reste l'option de la délocalisation dans Paris. Mais, là encore, où ? Traditionnellement, le ministère de l'Économie et des Finances dispose d'un hôtel particulier situé rue de Lille, où est aménagée une sorte de bureau de passage. Bercy étant excentré, il s'avère très pratique pour les ministres qui veulent s'éviter des allers et retours inutiles entre l'Assemblée nationale et le 12e arrondissement. Mais il vient d'être attribué au ministre de la Consommation et à son cabinet. Louer des bureaux dans le secteur privé ? Cela s'était déjà fait et dans les quartiers qui n'étaient pas les moins chers. Le ministère de la Justice, par exemple, avait trouvé cette solution lorsqu'un secrétariat d'État aux Prisons avait été créé. Il avait loué plusieurs centaines de mètres carrés juste en face, place Vendôme. Mais les temps ont changé et la politique immobilière de l'État et des ministères relativement rationalisée. Il est donc hors de question de se prêter à ce jeu, au risque de déclencher une affaire d'État.

Ça se corse. Je ne perds pas une miette de ce qui se dit et je noircis de notes mon petit cahier qui ne me quitte jamais.

« Il y a bien une solution, commence timidement le directeur de cabinet à destination du ministre d'État.

– Mais ? » enchaîne le ministre aussitôt.

Le directeur reprend :

« Je pense à l'hôtel de Cassini, rue de Babylone dans le 7e arrondissement. »

À la seule évocation de ce lieu, le secrétaire général verdit et s'écrie :

« Mais vous n'y pensez pas ! C'est une annexe de Matignon qui y organise toutes ses réunions importantes. Et à l'étage vous avez la direction générale de l'Administration et de la Fonction publique. Mettre la main dessus, c'est une vraie déclaration de guerre. »

Il n'en faut pas plus pour faire bouillir le sang du ministre d'État. Il fusille du regard le secrétaire général qui commence à se faire tout petit sur sa chaise.

« Il va falloir choisir votre camp, monsieur le secrétaire général. Si l'idée de commencer un petit bras de fer avec les services du Premier ministre et avec vos camarades de promotion vous glace le sang, votre place n'est pas autour de cette table. »

Une mouche vole dans la pièce. Je cesse de prendre des notes. Le secrétaire général ne pipe mot. Le directeur de cabinet, avec courage, il faut l'avouer, tente d'adoucir les positions :

« C'est une solution possible, monsieur le ministre. Mais il faut bien avouer que la bataille des bureaux est toujours symbolique et la presse fera ses choux gras de cette annexion. Par ailleurs, il ne faut pas sous-estimer la réaction de la direction générale de la Fonction publique qui est là depuis toujours.

– On comprend à vous entendre pourquoi ce pays s'enfonce dans la nasse et est incapable de se réformer, dit le ministre d'État d'une voix blanche. La moindre idée remettant en question votre petit ordre établi est un problème. Ou plutôt, comment vous dites ? Oui, c'est ça : une problématique. » Son ton est méchamment ironique. « Moi, je vais vous dire : je me contrefous qu'une direction administrative soit là depuis la nuit des temps. En plus, si je ne m'abuse, c'est une direction qui dépend de Bercy et qui n'a donc strictement rien à faire là-bas. La réalité, c'est qu'elle n'aurait jamais dû se trouver dans ces locaux. Donc, c'est décidé, Paul, tu t'installes là-bas avec ton cabinet ! » Il marque une pause puis reprend : « Et pour tout dire, ça m'amuse assez de commencer comme ça. Vous avez raison, monsieur le directeur, la presse va en faire ses choux gras… »

Paul est au spectacle. Il assiste pour la première fois en direct au traditionnel affrontement entre l'autorité politique et l'Administration. Généralement, ce combat est beaucoup plus larvé. Mais là, il a face à lui un animal politique dont la marque de fabrique et l'ambition sont justement de casser ce système. Il admire la capacité qu'a cet homme à trancher dans le vif, parfois même brutalement. Sûr de son fait. Le cocotier va être sacrément secoué. Mais Paul ne peut s'empêcher de se demander s'il pourra tenir la cadence dans la durée et si, au bout du bout, c'est bien lui qui aura le dernier mot. Il sera bien placé pour le savoir, très prochainement.

Paul prend la parole. Il est temps que lui aussi s'affirme un peu.

« Concrètement, comment fait-on? Je me vois mal débouler rue de Babylone en claironnant : “ Coucou, c’est moi, je suis le nouveau ministre et je viens réquisitionner vos locaux ! ”

– Ne t’en fais pas, Paul, répond aussitôt le ministre d’État, j’appelle tout de suite le Premier ministre, on va régler ça vite fait. »

Il se lève et se dirige vers son bureau. Il empoigne le téléphone et appuie sur une touche préprogrammée.

« Appelez-moi le Premier ministre », dit-il d’un ton sec.

Au bout de quelques instants qui paraissent à tous les occupants de la pièce une éternité, la sonnerie retentit.

« Monsieur le ministre d’État, je vous passe le Premier ministre.

– Salut, Marc, bon, dis-moi, on a un problème de place ici, à Bercy. Mes services me disent que la solution serait qu’on puisse installer le ministère de la Construction et des Énergies rue de Babylone.

– Décidément, à Bercy vous êtes toujours plus gourmands que les autres. Vu les locaux que vous avez, ne me dites pas que vous n’avez pas une autre solution dans la manche. Et rue de Lille, y a qui ?

– On y a mis le ministère de la Consommation.

– Et dans votre paquebot, y a vraiment plus de place ?

– Crois-moi, Marc, je ne t’embêterais pas avec ça si on n’avait pas examiné toutes les solutions.

– Mouais. Tu comprendras bien que ce n’est pas si simple que ça. Si on installe un ministère relevant de Bercy dans des locaux appartenant à Matignon, on crée un précédent. Sans parler de l’interprétation politique qui en sera faite. Je n’ose d’ailleurs imaginer que ce soit pour cette raison que tu me proposes cette solution.

– Écoute, Marc, ne sois pas parano, je t’assure qu’on aura bien d’autres sujets que celui-là pour avoir des divergences. Et pour ce qui est de l'interprétation politique, on peut parfaitement l'analyser comme toi mettant au contraire la main sur un des ministères phares de ce gouvernement que symboliquement tu souhaites sortir du giron de Bercy. »

Paul n'en revient pas. Il est au centre d'un marchandage de com dont le cynisme le dispute à l'incongruité.

« À la rigueur, reprend le Premier ministre. Mais ils sont occupés, ces bureaux. On ne peut pas les vider comme ça, par un claquement de doigts. »

Le ministre d'État entend à travers le téléphone qu'il joint le geste à la parole.

« Précisément, Marc. Devine qui occupe ces locaux de Matignon ? La direction générale de la Fonction publique qui relève de… Bercy ! CQFD.

– OK, je te concède que ce n'est pas très logique. Mais tu me dis que tu manques de place, et là c'est une direction entière que du coup tu rapatrierais à Bercy. Tu n'as pas de place pour le cabinet d'un ministre mais tu en as pour une direction entière ? Tu ne te ficherais pas un peu de moi ?

– Ce n'est pas à toi, Marc, que j'apprendrai que les besoins en locaux entre un ministère et une direction n'ont rien à voir. Outre les bureaux, il y a les salles de réception, les salles de réunion, la salle à manger, l'office pour les conseillers, les chauffeurs, etc.

– Bon, écoute, je n'ai pas envie de me battre avec toi sur ces histoires de bureaux de bas étage, crois-moi, j'ai d'autres chats à fouetter en ce moment. Donc, OK sur le principe. Mais ni toi ni tes services ne prenez la moindre initiative. Je veux que cela soit géré en douceur. Je vais demander au secrétaire général du Gouvernement de superviser cela personnellement. Il va appeler ton directeur de cabinet et le ministre que tu veux installer là-bas. C'est lequel tu m'as dit, déjà ?

– Le ministre de la Construction et des Énergies.

– OK, très bien. Tu avais autre chose à me demander ou à me dire ?

– Pas à ce stade, en tout cas.

– Alors bonne installation. »

Et il raccroche.

« Merci, monsieur le Premier ministre », répond le ministre d'État dans le vide.

Et il raccroche à son tour.

Le ministre d'État se retourne l'air triomphant.

« Phase un enclenchée ! Paul, ça va être à toi de jouer maintenant. On respecte la volonté du Premier ministre, donc tu essayes de t'installer en douceur. Crois-moi, c'est pas gagné car y en a pas un qui t'attend et tu ne vas pas te faire que des amis. Mais on respecte les formes et tu ne bouges pas tant que tu n'as pas le feu vert du secrétaire général du Gouvernement. Il doit t'appeler.

– Et s'il ne m'appelle pas ? le questionne Paul, inquiet.

– Pars du principe qu'il t'appelle. Si tu commences déjà à phosphorer sur des hypothèses négatives, crois-moi, au bout de tes dix-huit mois de ministre, tu vas ressortir avec un ulcère. »

Il n'y a plus qu'à attendre l'appel libérateur. En espérant qu'il arrive vite car, pour le moment, nous sommes SDF. Sophie se penche doucement vers le patron pour lui murmurer à l'oreille qu'il faudrait lui donner des consignes quant aux premières réactions et interventions devant les journalistes.

« Autre point, François, embraye aussitôt Paul. Que souhaites-tu que nous disions à la presse ? Les journalistes nous harcèlent pour avoir mes premières impressions et que je détaille ma feuille de route. »

Sophie se raidit et attend fébrilement les indications du big boss.

« Rien. Tu ne dis rien. Ou alors juste que tu es très content, tu fais un grand sourire et tu tires ta révérence. La première intervention média sur la mission de ton ministère, nous la ferons ensemble. Mon cabinet prendra contact avec le tien pour les détails. Pour le moment, ton job, c'est de t'installer. Et n'oublie jamais : les ministres les plus bavards sont généralement les plus éphémères. »

Paul acquiesce, le visage renfrogné. Cette discussion commence à lui déplaire fortement. Non seulement il a l'impression d'être un jouet entre les mains du Premier ministre et du ministre d'État, mais en plus il faut qu'il se taise, telle la plante verte qu'on balade. Son dur apprentissage de secrétaire d'État ne fait que commencer. Pour Sophie, c'est la douche froide. Son tempérament impétueux en prend un coup. Mais hors de question de se laisser museler. Si son patron a été nommé, c'est bien pour faire quelque chose. Donc il fera et il communiquera. Difficile cependant de transgresser tout de suite les consignes. Mais sa détermination est totale à faire exister son patron et à s'amuser par la même occasion.

« Bon, je crois qu'on s'est tout dit », reprend le ministre d'État.

Visiblement, il a hâte de passer à autre chose. Toute cette histoire l'a égayé. Il aime cette impression de puissance sur ses équipes. Prendre les choses en main, dicter la conduite des uns et des autres lui procure une vraie satisfaction. Mais il est temps de passer aux choses sérieuses. Et comme à son habitude, sans transition. C'est donc sans plus de manières qu'il nous congédie dans la foulée, tout en nous souhaitant une bonne installation.

Tous les quatre, nous nous retrouvons dans l'antichambre. Je n'en laisse rien paraître, mais je suis morte d'angoisse. On est là, les bras ballants, sans même savoir où aller. Je me sens totalement démunie. Je ne supporte pas de ne rien pouvoir faire. N'y tenant plus et bravant ma timidité naturelle, j'alpague le secrétaire général de Bercy qui, lui, semble totalement sonné.

« Monsieur le secrétaire général, plutôt que d'attendre le coup de fil du SGG [secrétaire général du Gouvernement] et de rester bêtement ici, il ne serait peut-être pas idiot d'essayer de l'appeler directement. Vous ou vos services devez avoir son numéro. »

Le secrétaire général s'exécute sur-le-champ, sans un mot. Il pianote rapidement sur son téléphone.

« Martine, pouvez-vous me passer le SGG ? Oui, tout de suite. Merci. Je reste en ligne. » Quelques secondes s'écoulent. « Serge ? Oui, c'est Henri. Dis-moi, je t'appelle car nous avons un petit problème de place à Bercy et… tu es au courant ? Le dircab du PM [Premier ministre] t'a appelé ? Très bien. » Il reprend visiblement du poil de la bête. « Oui, je sais que c'est compliqué et qu'on ne te facilite pas la vie », dit-il tout fort afin que nous comprenions la conversation. Plusieurs secondes suivent sans que le secrétaire général n'interrompe son interlocuteur. Son silence prend fin par un sonore « OK, on se retrouve là-bas ». Et il raccroche.

« Nous partons pour le 32, rue de Babylone, monsieur le ministre. Le secrétaire général du Gouvernement nous y retrouve. Il fait prévenir le directeur général de la Fonction publique de notre arrivée ainsi que des changements qui vont intervenir. Je ne vous cache pas que nous ne serons pas les bienvenus. »

Cette dernière remarque a le don d'agacer Paul au plus haut point. « Mais pour qui se prennent-ils, ces fonctionnaires ? ne peut-il s'empêcher de penser. Ils ne sont pas supposés se servir eux-mêmes mais servir un gouvernement ! C'est quand même un comble de sentir qu'un ministre de la République est considéré comme un intrus dans les propres locaux de Matignon. »

Nous récupérons Roland qui est resté en bas à discuter avec les huissiers. Nous nous engouffrons dans la C6 stationnée un peu plus loin. Nous nous serrons à l'arrière, comme à l'allée. Les portières sitôt fermées, Paul indique à Bernard la direction du 32, rue de Babylone. Le puissant moteur vrombit et le véhicule officiel s'échappe du ventre de Bercy.

Une dizaine de minutes plus tard, la rue de Babylone se profile. Non loin du célèbre Bon Marché, c'est une rue relativement anonyme du 7e arrondissement, bien moins connue que ses prestigieuses voisines comme la rue de Varenne, la rue de Grenelle ou la rue de l'Université. Officiellement, le seul bâtiment public qu'elle abrite est l'hémicycle du conseil régional d'Île-de-France, qui se trouve au 57. Arrivés au niveau du 32, nous trouvons porte close. Un portail en bois, massif, d'un vert passé, s'élève devant nous. Hostile. Bernard manœuvre pour mettre malgré tout la C6 dans l'axe. Naïvement, Paul lui suggère de klaxonner. Roland, qui sait très bien que cela ne sert à rien, est déjà sorti de la voiture et, comme n'importe quel visiteur, sonne à la porte. À plusieurs reprises. Rien. Un embouteillage commence à se former. La rue de Babylone n'est pas suffisamment large pour permettre aux voitures de passer. Paul bouillonne. « Bientôt, ce sera le concert de Klaxon, pense-t-il. Heureusement qu'il n'y a pas de journalistes. Dans le genre arrivée foireuse, on a la palme. » Roland, dont la patience commence à décliner, se dirige vers le poste de garde dont une petite fenêtre donne un peu plus loin sur la rue. Il frappe vigoureusement à travers les barreaux. Une tête apparaît. Roland exhibe sa carte de police et d'un geste rageur fait signe d'ouvrir immédiatement le portail. Il est moins une, les premiers avertisseurs sonores commencent à retentir.

Avec une lenteur inégalée, le portail s'ouvre en grinçant, un battant après l'autre. À l'évidence, il n'est pas fait pour les grosses berlines et c'est au millimètre que Bernard doit manœuvrer pour pénétrer dans la cour. Un gendarme sort de sa guérite, fait stopper la voiture et se précipite vers Roland, ou plutôt est-ce l'inverse, pour s'enquérir de l'identité de cet encombrant et inattendu visiteur. Roland, qui est au comble de l'agacement, lui aboie dessus en déclinant la qualité de Paul. Le gendarme se fige et salue immédiatement la voiture ministérielle, l'air totalement perdu.

Roland lui intime alors l'ordre de prévenir ses supérieurs. Il aura de toute façon besoin de les voir pour organiser la sécurité du bâtiment. Désormais, il abrite un ministère, il va donc falloir entièrement revoir son organisation.

La C6 avance lentement sur le gravier de la cour. Bernard s'arrête pile au milieu du perron. Un huissier d'origine antillaise se précipite pour ouvrir la portière arrière droite. Roland ne peut s'empêcher de pester sur le fait qu'un huissier puisse avoir de meilleurs réflexes qu'un gendarme. Paul sort.

Au moment même où il pose le pied par terre, une deuxième voiture, une Velsatis de couleur sombre, s'engouffre dans la cour. Le gendarme, qui était retourné dans sa guérite pour téléphoner à ses supérieurs et obtenir des consignes, est totalement dépassé. Le secrétaire général de Bercy en sort prestement, visiblement embarrassé de ne pas être arrivé avant Paul.

« J'ai eu le SGG à nouveau au téléphone dans la voiture, il ne devrait pas tarder, monsieur le ministre. Il me dit avoir prévenu tout le monde de votre arrivée.

– Tout le monde sauf les gendarmes apparemment, lui répond Paul agacé. On fait quoi maintenant ? J'attends comme un imbécile sur le perron qu'on me donne un laissez-passer pour entrer ?

– Non non, bien sûr, monsieur le ministre. Je vais demander à ce qu'on aille chercher le chef de cabinet du directeur général pour faire la visite.

– Le directeur général n'est pas là ?

– Non, il est à Bercy, je crois, pour une réunion interservices.

– Eh bien, chacun est donc à sa place », rétorque Paul.

Nous pénétrons dans le hall de l'hôtel particulier. Il n'a rien de spectaculaire, hormis le marbre du sol et les immenses miroirs qui descendent le long des murs. Cet endroit mélange solennité républicaine et une sorte de familiarité liée à ses dimensions à taille humaine. Ses proportions sont parfaites. Il a dû être splendide. Mais aujourd'hui, il dégage surtout une impression de tristesse. Il est terne et décrépit.

Pendant que nous nous imprégnons des lieux, le secrétaire général de Bercy demande à l'huissier qu'on fasse prévenir le chef de cabinet de l'actuel locataire. Quelques instants plus tard, un grand jeune homme d'une trentaine d'années, à l'air très sûr de lui, fait son apparition. Il nous jette à peine un regard et toise littéralement Paul.

« Bonjour, messieurs, que puis-je faire pour vous ?

– Vous n'avez pas reçu un appel prévenant de notre arrivée ? demande le SG, très mal à l'aise.

– On m'a dit effectivement que nous aurions de la visite. »

Ce gaillard a, à l'évidence, décidé de ne pas nous faciliter la tâche. Et le secrétaire général du Gouvernement, qui, contrairement à sa promesse, n'est toujours pas là. La situation risque de rapidement tourner au vinaigre. Sentant que le SG de Bercy perd le contrôle, Paul prend les devants.

« Je n'ai pas l'honneur de vous connaître, dit-il d'un ton légèrement ironique, vous êtes monsieur ?

– Je suis le chef de cabinet du directeur général de la Fonction publique, monsieur. »

Il prononce ces mots comme on décline un titre de noblesse. Ce type est puant de vanité.

« Très bien, monsieur le chef de cabinet, vous allez donc nous faire la visite des locaux. J'imagine que vous les connaissez parfaitement. Cela nous sera très utile pour notre installation », dit Paul d'un ton provocateur.

Le jeune prétentieux se contente d'un rictus en guise de réponse. Il pointe encore un peu plus du menton et joue de sa grande taille pour montrer qu'il n'est pas impressionné.

« Eh bien, par où commençons-nous ? » continue Paul pour enfoncer le clou.

Paul a toujours détesté ce genre de mecs prétentieux, plutôt bien nés, faux travailleurs mais vrais courtisans. Beaucoup d'entre eux voient dans la fonction publique, à condition qu'il y ait un titre ronflant, une bonne planque. Cela permet de satisfaire l'ego des parents qui peuvent se vanter que leur fiston soit dans les prétendues hautes sphères. En réalité, il s'agit rarement de postes opérationnels avec des responsabilités réelles, mais plutôt de postes de représentation qui font davantage appel à une bonne présentation et à la maîtrise du « quant-à-soi ». La plupart des congénères de ce gaillard font particulièrement attention à leur façon de s'habiller. Ils tranchent avec l'image traditionnelle que l'on se fait du fonctionnaire au look un peu vieillot et démodé.

Au-delà de ces considérations vestimentaires, ce qui agace profondément Paul, c'est la capacité qu'a la haute fonction publique à singer le politique. Pourquoi un directeur d'administration centrale a besoin d'un chef de cabinet ? Même les patrons du CAC 40 n'en ont pas. C'est proprement ridicule. Ce n'est pas le genre de Paul, d'un tempérament plutôt calme et bienveillant, mais le jeu de petit coq du pseudo-chef de cabinet l'exaspère. Il en a les doigts qui picotent d'énervement.

Je sens que les nerfs de mon patron sont mis à rude épreuve. Afin d'éviter tout incident, je m'adresse directement au chef de cabinet et au secrétaire général :

« Messieurs, pouvez-vous nous indiquer le bureau qui sera occupé par le ministre ?

– C'est par là, je crois », enchaîne immédiatement le secrétaire général, pour engager enfin un mouvement qu'il espère salutaire.

Et le SGG qui ne pointe toujours pas le bout de son nez !

À contrecœur, le chef de cabinet désigne l'immense porte à double battant devant laquelle nous nous trouvons. Il ouvre un des battants. Nous pénétrons dans un minuscule sas qui sépare l'entrée du bureau par un jeu de portes à demi vitrées, opacifiées par des rideaux jaunes. Puis nous entrons dans le bureau. Je suis frappée par son aspect lugubre. Rien ne semble totalement net. Il y flotte même comme un air d'abandon et de renfermé. La pièce est assez vaste et de format rectangulaire. Un grand bureau sans aucun charme en occupe une bonne partie. Il a l'air d'avoir été posé là, sans autre ménagement, le long d'un des murs. Une ravissante cheminée disparaît derrière.

« C'est du n'importe quoi », ne puis-je m'empêcher de penser.

Sur la gauche en entrant, face au bureau, se dresse une grande desserte en marbre qui avait dû être magnifique. Mais à y regarder de plus près, elle est fendillée à la base et en plusieurs autres endroits. La totalité du mur du fond est constituée d'une bibliothèque encastrée qui au premier regard semble bien poussiéreuse. Paul, grand amateur de livres, y jette immédiatement un coup d'œil. Quelle n'est pas sa surprise quand, en s'approchant, il se rend compte non seulement que certaines vitres sont cassées, mais que la plupart des livres sont des... faux ! Il s'agit de simples boîtes dont la tranche a été peinte de manière à faire croire à la reliure d'un livre. Paul n'en croit pas ses yeux.

De l'autre côté, une petite table est posée au milieu des deux fenêtres qui donnent sur le jardin. Une pile de dossiers désordonnés s'y amasse. Et que dire des rideaux qui encadrent les deux fenêtres ? À eux seuls ils résument l'abandon dont est victime l'hôtel de Cassini. Ils pendent là, informes. À en juger à leur raideur et leur couleur d'un jaune pisseux, ils n'ont pas dû être lavés depuis plusieurs années. Nous sommes outrés.

« Il va y avoir besoin d'un sacré dépoussiérage », pense Paul à haute voix. Puis, se retournant vers le secrétaire général : « J'espère que tout le patrimoine de l'État n'est pas entretenu ou traité de cette façon-là. Y a de quoi pleurer. » Puis, en direction du chef de cabinet : « Ce mobilier, il était déjà là quand vous êtes arrivés ou vous l'avez choisi spécialement ? Car dans le genre moche et pas fonctionnel, on ne fait pas mieux. »

Le chef de cabinet lui jette un regard haineux. Sophie, fidèle à son caractère terre à terre, fait le tour de la pièce et constate qu'elle ne dispose en tout et pour tout que de trois prises de courant. Et pas des plus modernes ! L'une est même en passe de se décrocher du mur.

Paul a vu ce qu'il voulait voir. Il a du mal à se projeter au quotidien dans cette pièce. Elle a néanmoins le mérite d'exister. Il y a encore moins d'une heure, il était SDF. Il refait un tour complet puis se dirige vers une porte attenante, à l'extrême opposé du sas d'entrée.

« Et là, ça mène où ? dit-il en s'adressant au chef de cabinet.

– Dans mon bureau. Vu vos goûts, il ne va pas vous plaire », lui répond-il frondeur.

Sans attendre, Paul ouvre la double porte capitonnée. Il entre dans un bureau plus sombre encore que le précédent. Entièrement boisé, il aurait pu avoir un charme fou si l'éclairage avait été soigné. Il est néanmoins mieux agencé. Le mobilier est résolument moderne et la pièce est dotée d'une grande table de réunion dans le même style. Paul se tourne vers moi.

« Ce sera le bureau de notre directeur de cabinet. La communication directe entre les deux bureaux est parfaite. » Puis à l'intention du chef de cabinet : « Quand est-ce que ce bureau sera disponible ?

– Quand vous m'aurez trouvé un autre bureau. »

Paul sent la moutarde lui monter au nez. Il va se le faire, ce petit morveux. Pour qui se prend-il ? De quel droit se permet-il de parler à un ministre de cette façon ? Le secrétaire général écarquille les yeux et n'en revient pas de la tournure que prennent les événements. L'atmosphère est électrique. Entre-temps, plusieurs collaborateurs de la direction se sont greffés à la visite, certains par curiosité, d'autres pour bien se faire voir, les derniers, les moins nombreux, pour montrer leur mécontentement. Nous sentons avec Sophie que la situation peut déraper à tout instant. Nous savons Paul capable du meilleur comme du pire et Sophie s'imagine déjà devoir organiser un point presse pour expliquer pourquoi le ministre de la Construction et des Énergies a mis un coup de boule au chef de cabinet du directeur général de la Fonction publique.

Au moment où Sophie pense que l'irréparable va être commis, le secrétaire général du Gouvernement (SGG), flanqué du directeur des services administratifs et financiers de Matignon (DSAF), fait son entrée. L'arrivée d'un des plus hauts fonctionnaires de l'État, chargé de la coordination de l'action du Gouvernement, fait son effet. Les rangs se clairsèment aussitôt, beaucoup d'agents se remémorant sur-le-champ qu'ils ont une urgence à régler.

« Il tombe à point nommé, celui-là », me dis-je.

Le secrétaire général de Bercy se précipite vers son supérieur.

« Monsieur le secrétaire général, nous attendions votre arrivée. Nous avons commencé à faire le tour des bureaux, mais vous comprendrez bien qu'il y a quelques détails à régler. »

Le SGG le regarde à peine et se dirige directement vers Paul pour le saluer.

« Bonjour, monsieur le ministre, je vois que vous êtes entré dans le vif du sujet.

– Effectivement. Et j'étais en train de rappeler à ce jeune homme que, même si je comprends bien que la situation est très inconfortable pour lui, il a affaire à un ministre de la République. Et quelle que soit la haute opinion qu'il peut avoir de lui-même, il n'est pas propriétaire de ces locaux. »

Mesurant immédiatement le niveau de tension, le SGG s'adresse directement au chef de cabinet à qui il rappelle, d'un ton extrêmement ferme, que le ministère de la Construction et des Énergies s'installe à l'hôtel de Cassini, sur décision du Premier ministre.

« Je demande par conséquent que tout soit fait pour que le ministre et son cabinet s'installent dans les meilleures conditions et dans les plus brefs délais, c'est-à-dire demain. À compter de demain, la direction générale de la Fonction publique réintègre progressivement Bercy. » Il continue : « Monsieur le chef de cabinet, voyez avec le secrétaire général de Bercy ici présent selon quelles modalités ce déménagement s'organise. »

Le jeune homme ne cherche même pas à répondre.

Puis, se tournant vers Paul, le SGG ajoute :

« Monsieur le ministre, je vous propose de continuer la visite des locaux. Nous tâcherons d'anticiper au fur et à mesure toutes les difficultés qui pourraient survenir à votre installation. Le directeur des services administratifs et financiers de Matignon est là pour y répondre. »

Conscient de la nécessité d'abréger cette séquence pénible pour tout le monde, il entraîne dans la foulée Paul à l'extérieur. J'avais arrêté de respirer depuis quelques minutes. Je pousse un ouf de soulagement. Ce SGG est la providence même. Pour mon boss comme pour moi. Cet épisode a eu l'avantage de me faire réaliser que je ne suis pas seule dans l'aventure de la création du ministère et que je peux compter sur le soutien de certains services.

La visite se poursuit beaucoup plus rapidement et sereinement sous la conduite du SGG en personne. Salle de la Chapelle (salle de réunion), salle des Marbres (salle de réception), bureaux du rez-de-chaussée, bureaux à l'étage, office et cuisines au sous-sol. Le tour est bouclé en une heure. La première impression ressentie à notre arrivée est confirmée après cette visite en profondeur : l'hôtel de Cassini est un bijou laissé à l'abandon.

18 heures viennent de sonner. Rien d'utile ne peut plus être fait. Le directeur des services administratifs de Matignon propose à Paul qu'ils se retrouvent le lendemain matin à 8 heures afin de commencer l'installation. Rendez-vous est pris. Je prévois

d'être présente. Le SGG convient avec Paul de faire un point dans quarante-huit heures. Puis les deux hommes prennent congé. Désormais seuls dans le hall de l'hôtel particulier, nous tentons de reprendre nos esprits et de digérer tout ce qui vient de se passer. Sophie brise le silence :

« Vous vous attendiez à ce que ça se passe comme ça ? Moi, j'ai halluciné ! »

J'enchaîne :

« J'ai cru qu'on était pris dans un piège. Je me suis même demandée à un moment s'ils n'allaient pas nous mettre dehors. C'est dingue !

– Oui, on a été les témoins directs du peu de cas que fait l'Administration du pouvoir politique. À leurs yeux, on n'est que des squatters. Ce que je peux vous dire, c'est que tant que je serai ministre, ils verront d'où vient l'autorité. Ce qu'on a vécu aujourd'hui ne se produira pas deux fois ! » insiste Paul.

Le simple fait de repenser à tout ça suffit à le crisper à nouveau.

« Je peux faire quelque chose pour vous, monsieur le ministre ? »

Enfin une phrase douce à son oreille. Paul se retourne et voit se diriger vers lui avec un grand sourire avenant l'huissier antillais.

« Y en a au moins un qui a compris, ne peut s'empêcher d'ironiser Paul. Non, merci, tout va bien pour le moment. Mais vous l'avez compris, nous posons nos bagages et nous allons cohabiter quelque temps. Quel est votre nom ?

– Alain, monsieur le ministre.

– Bonsoir, Alain, lui dit Paul tout en lui tendant la main. Nous n'avons pas eu l'occasion de nous présenter. »

L'huissier semble hésiter quelques secondes puis saisit la main qui se tend et la secoue vigoureusement.

« Bienvenu chez vous, monsieur le ministre ! »

V

NOUVEAU CABINET CHERCHE SOUTIEN LOGISTIQUE DÉSESPÉRÉMENT

Nous nous séparons peu après. Paul et Sophie partent ensemble afin que le ministre fasse quelques déclarations aux médias, du genre : « C'est le plus beau jour de ma vie », « On va faire de grandes choses » ou encore « Les Français peuvent compter sur ce gouvernement ». Un peu de remplissage en somme, histoire de ne pas se faire oublier, sans pour autant enfreindre la consigne sur la discipline médiatique.

De mon côté, je suis repassée à l'Assemblée nationale. Emménager, c'est bien, mais cela veut aussi dire déménager, l'air de rien. Il y a un paquet de trucs à ranger ou à jeter dans le petit bureau de l'Assemblée. Je vais faire le plus gros et je repasserai plus tard. J'y serai de toute façon obligée, ne serait-ce que pour régler notre situation administrative à tous les trois.

Mardi matin

L'aube est encore naissante. J'ai mal dormi et je me suis levée bien avant que le réveil, pourtant matinal, ne sonne. Ma nuit a été peuplée de rêves trop réels pour être oubliés. À l'évidence, la journée de la veille a laissé des traces. Après deux heures à l'Assemblée à trier ce que je pouvais et à faire un petit nettoyage par le vide, j'ai retrouvé pour boire un verre quelques amis fidèles qui m'avaient harcelée de messages et de SMS pour avoir des nouvelles. Je leur devais bien ça. Fraîchement divorcée, j'ai pu compter sur leur soutien sans faille, ce qui m'a évité de sombrer dans les moments les plus durs. Tous ont bien senti que, à travers cette nouvelle étape dans ma vie professionnelle, c'est une nouvelle étape dans ma vie tout court qui s'amorce. Hier soir, c'était aussi pour moi le moment de leur dire merci. La nuit n'en a été que plus brève, même si j'ai su me montrer raisonnable.

Encore un peu comateuse, je réfléchis à la journée qui s'annonce, tout en enclenchant mécaniquement ma machine à café. D'une nature pourtant inquiète, et alors que je me jette dans l'inconnu, dans des conditions plutôt tendues à en juger par la scène de la veille, je me sens emplie d'une énergie et d'une envie d'en découdre que je n'avais pas ressenties depuis très longtemps. Je suis comme transportée. Malgré mes cauchemars, je prends conscience que je suis en train de réaliser un de mes rêves : devenir chef de cabinet d'un ministre.

Les questions restent néanmoins bien plus nombreuses que les réponses. Et très rapidement, elles viennent toutes tambouriner dans mon crâne, sans que je puisse sur l'instant agir ou y apporter une réponse. Tout ce que j'exècre. Le meilleur moyen de se faire du mouron pour rien. J'avale mon café d'un trait, mets la radio, direction la douche. Il est 6 h 15. À 6 h 45, douchée, maquillée et habillée d'un tailleur-pantalon sobre, je descends au parking de mon immeuble récupérer ma voiture. Dans moins de quinze minutes, je serai au ministère.

La circulation est encore fluide à cette heure dans Paris. Entre mon appartement et le ministère, le trajet traverse le cœur de la capitale. La place Beauvau, l'Élysée, les Champs-Élysées, le pont Alexandre III, l'esplanade des Invalides, la rue de Varenne, la rue du Bac puis la rue de Babylone. Stressée, je sens pourtant en cet instant, au volant ma voiture, que je suis heureuse.

Je me présente devant la porte cochère du ministère. Comme hier, le portail est obstinément fermé. Et comme hier, il faut que je manœuvre comme je peux pour que ma voiture dérange le moins possible le temps que j'aille sonner. Les secondes s'égrènent, interminables. J'en viens à me demander si je ne suis pas en train de réveiller le gendarme de garde. Je me remets au volant et, ô miracle, le portail se met en branle. J'engage ma voiture et constate que l'entrée est étroite. Première entrée au ministère et premier accrochage. Je viens de repeindre mon pare-chocs d'une belle couleur « vert de portail ». Je me gare à côté de la loge. Le gendarme en sort, souriant.

« Bonjour, madame. Eh oui, tout le monde se fait avoir la première fois, dit-il en regardant l'avant de la voiture. Ne vous en faites pas, un bon coup de polish et l'affaire est réglée. Pourriez-vous me donner votre nom, s'il vous plaît ? »

Je m'exécute.

« Oui. On m'a prévenu qu'il y aurait un peu de mouvement dans les jours qui viennent. Vous avez d'autres membres du cabinet qui doivent se présenter ?

– Le ministre devrait arriver vers 8 heures, ainsi que sa conseillère en communication, Mme Sophie Viard.

– Merci beaucoup, madame. Je le note, cela m'évitera de devoir les embêter à leur arrivée.

– Pardon de vous demander ça, mais est-ce que vous savez si la direction de la Fonction publique a commencé à libérer quelques bureaux ?

– Je pense que oui. Quand j'ai pris mon service hier soir, il y avait pas mal de cartons dans la cour. Mais je ne sais pas quels bureaux exactement ont été libérés.

– Bon, je vais aller voir. Merci beaucoup. Il faudra que vous m'expliquiez comment vous vous organisez pour la sécurité du ministère.

– Je vais demander à mon chef de vous appeler. À quel numéro il peut vous joindre ? »

Je sors de mon sac mon petit cahier, en déchire une feuille et griffonne mon numéro de téléphone personnel.

« Tenez. Qu'il m'appelle dans la journée.

– Ce sera fait, madame. »

Je le remercie et me dirige vers l'entrée principale de ce qui allait être désormais un ministère. En gravissant les marches du perron, je constate que la quasi-totalité des marches est abîmée et s'effrite dangereusement. Je décide alors d'aller regarder d'un peu plus près l'état général de la bâtisse. L'hôtel est en forme de U avec deux ailes en retour d'équerre à droite et à gauche de la cour. Deux grandes portes-fenêtres permettent d'accéder au vaste vestibule d'entrée. D'une hauteur de deux étages, il a les proportions d'une grosse maison bourgeoise. Ce que je découvre au fur et à mesure de ma visite m'attriste. Peintures écaillées, fissures multiples, fenêtres qui jouent et qui ont du mal à fermer, je me demande depuis combien de temps cet hôtel n'a pas reçu d'entretien digne de ce nom. Je ne sais pas du tout quelles seront mes marges de manœuvre, notamment financières, mais je me fais la promesse de tout faire pour que notre passage soit l'occasion de redonner un peu de lustre à cet endroit qui me touche.

Une fois mon tour de la façade sud terminé, je pénètre dans le hall. Un homme est en train de s'activer dans un vacarme assourdissant. Il ne prête aucune attention à mon arrivée, trop occupé à traquer la moindre trace sur le sol en marbre. Il fait tournoyer avec dextérité sa polisseuse qui virevolte dans tous les sens. Il a l'air de prendre son pied. Un grand bureau un peu dénudé se trouve à droite en entrant. Sans doute celui des huissiers qui assurent l'accueil et orientent les visiteurs.

Face à moi se trouve la porte qui ne paye pas de mine et qui donne sur le sas d'entrée du futur bureau du ministre. La pièce adjacente sur la gauche est ce qu'on m'avait présenté comme la salle de la Chapelle. C'est une pièce très impressionnante, probablement la plus impressionnante de tout le bâtiment, entièrement ornée de moulures et agencée comme un salon en rotonde. J'apprendrai plus tard que c'est une salle de réunion assez prisée pour les événements importants qui ne peuvent se dérouler rue de Varenne, faute de place. Les fameux accords de Matignon sur l'évolution territoriale de la Corse, par exemple, ou les accords de Nouméa furent négociés et signés dans cette pièce chargée d'histoire récente.

À l'extrême gauche du hall, la bien nommée salle des Marbres. Comme son nom l'indique, cette salle est recouverte de marbre presque du sol au plafond. D'une belle taille, elle est réservée aux réceptions et autres remises de décoration. Elle peut également servir de salle de réunion supplémentaire en cas de besoin. Entre la salle des Marbres et la salle de la Chapelle se trouve une parfaite réplique du bureau du ministre. Y compris pour l'absence d'entretien et les rideaux jaune délavé. Nous sommes convenus avec le ministre et les services que ce sera le bureau du chef de cabinet, c'est-à-dire le mien. La haute double porte qui marque l'entrée est impressionnante et ne souhaite pas la bienvenue. Je suis plantée devant et je n'ose pas entrer. Lors de la visite épique de la veille, le bureau était occupé et je ne sais pas s'il fait partie de ceux qui ont été vidés en vitesse pour permettre notre arrivée.

N'y tenant plus et en réalité ne sachant pas trop quoi faire compte tenu de l'heure matinale, je frappe deux coups à la porte. Rien. Je recommence. Toujours rien. Après tout, c'est normal, vu l'heure. Je tourne délicatement la poignée qui me résiste un peu car la porte est branlante. Le bureau est plongé dans le noir. Il n'y a personne. En tâtonnant, je finis par trouver un vieil interrupteur d'un autre âge, que j'actionne. Une lumière triste jaillit. Je lève la tête et aperçois un lustre extraordinaire qui semble dominer toute la pièce. Mais lui aussi a visiblement besoin d'un sacré dépoussiérage. En baissant les yeux pour embrasser du regard l'ensemble de la pièce, j'ai un choc. Il n'y a plus aucun mobilier ! Tous les meubles que j'ai rapidement aperçus la veille ont disparu. Envolés ! Je n'en crois pas mes yeux. Le gendarme n'est apparemment pas très observateur et à l'évidence il n'y a pas eu que du trafic de cartons hier soir. La pièce est entièrement vide. Les seuls signes d'une activité récente sont la poubelle qui n'a pas encore été vidée et qui gît là, comme par provocation, et un vieux tableau poussiéreux qui a dû être oublié, volontairement ou pas.

Sur le moment, je me demande s'il ne s'agit pas d'une blague. Mais vu l'atmosphère de guerre larvée qui régnait encore la veille, c'est peu probable.

Le calme est revenu dans l'hôtel particulier. La machine à polir a cessé son vacarme. Je me sens alors toute petite dans cette immense pièce vide à la hauteur de plafond saisissante. À cet instant, j'ai l'impression que je vais me faire engloutir.

J'entends du mouvement dans le hall.

À la fois pour aller aux infos mais aussi (surtout ?) pour chasser mes pensées angoissantes, je sors du bureau. Le sympathique huissier, Alain, je crois me souvenir, vient d'arriver. Il a encore son manteau sur le dos mais est déjà en train d'allumer mécaniquement lumières et ordinateurs. La présence de cet huissier à l'allure décontractée me réconforte.

« Bonjour, Alain, c'est ça ?

– Bonjour, madame, je ne savais pas que vous étiez déjà là. Les gendarmes ne m'ont rien dit. »

Décidément on peut se demander à quoi ils servent, ces gaillards.

« Je voulais arriver tôt pour m'imprégner un peu des lieux et gagner du temps pour notre installation.

– C'était un peu sportif hier, non ? lance l'huissier en m'adressant ce que je prends pour un clin d'œil.

– Spécial, on va dire. Je ne sais pas si ça se passe comme ça à chaque fois, mais en tout cas je ne m'attendais pas franchement à ça.

– Vous savez, madame, il ne faut pas leur en vouloir. Ils étaient tranquilles ici. Alors forcément, votre arrivée, ça les bouscule un peu. En plus, si je peux me permettre, ça s'est quand même fait sacrément vite. Même moi, hier, je ne savais plus trop où j'en étais. »

J'apprécie la franchise des propos de l'huissier. Je n'ai pas vraiment réalisé la brutalité avec laquelle notre arrivée est intervenue et le peu de laps de temps entre la décision du Premier ministre et leur visite.

« Dites-moi, Alain, qu'est-ce qui s'est passé dans le bureau à côté, là ? Il est totalement vide.

– Alors là, je ne sais pas trop. Je n'ai rien vu de particulier avant de partir.

– Il y a quelqu'un dans le bureau du ministre ?

– Le bureau du ministre ? Oui, pardon, heu non, je crois qu'il n'y a personne.

– Merci, Alain. Je vais y jeter un œil. Prévenez-moi quand le ministre arrive. »

Sur ces mots, j'entre dans le bureau ministériel. À mon grand soulagement, il n'est pas vide. Les dossiers et l'ordinateur ont en revanche disparu. Je tournicote puis m'arrête quelques instants devant l'une des portes-fenêtres qui donnent sur le jardin. Je n'ai pas encore fait attention au jardin. Il faudra que j'y fasse un tour plus tard. Ce que je peux en voir au travers des voilages grisâtres est plutôt agréable.

Des pas résonnent dans l'entrée. La porte du bureau s'ouvre et Paul apparaît, l'huissier sur ses talons, contrit de ne pas avoir réussi à le précéder pour annoncer son arrivée. Pour sauver la face, il bredouille :

« Monsieur le ministre est arrivé ! »

Nous échangeons un regard amusé.

« Ça va, Caroline, bien dormi ? Vous êtes là depuis longtemps ?

– Bien dormi n'est pas le terme que j'utiliserais, mais on va dire que j'ai rechargé les batteries. Je suis arrivée il y a une petite heure car je voulais refaire le tour du propriétaire au calme.

– Oui, le moins qu'on puisse dire, c'est que c'était mouvementé hier. Quel petit merdeux, ce chef de cabinet. J'ai cru que j'allais vraiment lui en mettre une.

– Heu, en fait nous aussi. On n'était pas loin du dérapage non contrôlé. Il est trop tôt pour le dire, mais je crois que cette arrivée difficile aura eu le mérite de faire accélérer les choses et que les trois bureaux de l'aile principale du rez-de-chaussée ont d'ores et déjà été libérés.

– Eh ben voilà ! s'écrie Paul triomphant.

– Oui, enfin, c'est un tout petit peu plus compliqué. Je pense que la direction de la Fonction publique n'a pas dit son dernier mot et qu'on peut s'attendre à quelques coups fourrés.

– Quoi par exemple ?

– Rien que ce matin, en arrivant, je suis allée jeter un coup d'œil à ce qui sera prochainement, enfin j'espère, mon bureau. Il est totalement vide ! Tout a disparu ! Bureau, chaises, ordinateur, desserte. Il n'y a absolument plus rien. Ils ont tout vidé.

– Vous plaisantez ! C'est quoi cette histoire ? »

Je sens que les nerfs de Paul commencent déjà à se mettre en pelote. À l'évidence, il va falloir veiller à ne pas l'agacer inutilement car il part au quart de tour. La stratégie du complot doit résonner dans sa tête. Mais sur ce coup-là, il n'a pas totalement tort.

« Je ne sais pas, on va voir. De toute façon, le directeur des services administratifs de Matignon ne devrait pas tarder à arriver. Il aura probablement une explication à nous donner.

– Vous avez raison. En attendant, vous croyez qu'on peut avoir un café dans cette maison ?

– On va faire le test grandeur nature. Je reviens. »

J'ignore totalement à qui je dois m'adresser pour demander ne serait-ce qu'un café. Il est vrai que mon seul et unique interlocuteur pour le moment est l'huissier. « Un peu léger. Il va vite falloir que je voie sur quels services je peux m'appuyer, sinon on ira pas bien loin. »

« Dites-moi, Alain, pardon, est-ce que vous savez comment ça se passe pour demander deux cafés ?

– Oui, bien sûr, j'appelle l'office.

– OK. Il y a déjà du monde à cette heure-là ?

– Oui, madame, ce sont les plus matinaux d'entre nous. »

Je note dans un coin de ma tête qu'il faut que j'aille visiter l'office et que je rencontre le personnel qui y travaille. Ma *to do list* commence à sacrément s'allonger.

« Merci, Alain. Nous sommes dans le bureau du ministre.

– Bien, madame. »

Quand je pénètre à nouveau dans le bureau de Paul, ce dernier est installé dans le fauteuil et semble photographier chaque détail de la pièce.

« C'est la misère, en fait, ici. Quelle honte de laisser un trésor pareil tomber en ruine ! L'État est décidément le plus mauvais gestionnaire que je connaisse. »

Je sais que cette situation peine sincèrement mon patron. Je l'ai toujours connu féru d'histoire, amoureux des pierres et du patrimoine. Je n'ai encore jamais croisé quelqu'un aussi cultivé que lui.

J'acquiesce :

« C'est vrai que c'est un peu tristounet. Et vous n'avez encore rien vu. J'ai fait un tour de la façade avant que vous n'arriviez, c'est pas beau à voir.

– Bon, chaque chose en son temps, reprend-il. On parlera architecture plus tard. Pour le moment, on a un ministère à créer. Et dans les urgences, voilà ce que j'ai noté. »

Il tend ce qui semble être une liste sur un bout de papier.

Je lis à haute voix :

« Directeur de cabinet; décret de nomination; constitution du cabinet; aménagement du bureau; organisation matérielle (téléphone, voiture, intendance).

– Je me suis fait à peu près la même liste.

– C'est ce qui me paraît le plus urgent. »

On toque à la porte.

« Entrez ! » crie Paul.

Un grand jeune homme, tiré à quatre épingles, fait son entrée, un plateau avec deux tasses de café fumant et une assiette de mini-viennoiseries à la main.

« Bonjour, monsieur le ministre, dit-il timidement en posant le plateau sur la petite desserte du bureau.

– Bonjour », lui répond chaleureusement Paul, ravi à l'idée de boire son café.

Il veut également mettre à l'aise son interlocuteur. Il a visiblement pris conscience que son arrivée théâtrale de la veille n'a pas joué en faveur de sa cote de popularité auprès des personnels.

« Maintenant, je sais que la journée peut commencer ! Comment vous appelez-vous ?

– Julien, monsieur le ministre.

– Bonjour, Julien. Cela fait longtemps que vous travaillez ici ?

– Quelques mois. J'espère avoir l'occasion de continuer de travailler auprès de vous, monsieur le ministre.

– Il n'y a pas de raison que cela change, Julien. Que faites-vous exactement ici ?

– J'étais… heu, ou… je suis en charge des repas des personnels de la direction de la Fonction publique. J'imagine que ma mission va peut-être un peu évoluer.

– Ça, c'est possible, Julien. Vous verrez avec Caroline qui est mon chef de cabinet pour convenir de la nouvelle organisation et nous faire part de vos propositions.

– Très bien, monsieur le ministre. »

Et il disparaît.

Tout en sirotant son café, Paul reprend :

« Nous devons maintenant entrer dans le vif du sujet. Il y a tout le bazar matériel et administratif, mais j'imagine que le DSAF... Il est où d'ailleurs, celui-là ? Il ne devait pas être là à 8 heures ? Bref, j'imagine que le DSAF réglera un certain nombre de points. L'urgence absolue, c'est de trouver un directeur de cabinet puis de constituer le cabinet. Je suis plus convaincu que jamais qu'il nous faut un préfet compte tenu de la transversalité de mon portefeuille. Mais je ne veux pas n'importe quel préfet. Je ne veux pas de ces béni-oui-oui qui t'endorment sans en avoir l'air, alors qu'en réalité ils n'ont pour seule fidélité que le ministère de l'Intérieur. Je ne veux pas non plus de ceux qui prétendent faire de la politique. La politique, c'est un métier, et c'est pas le leur. Je préfère un bon préfet de gauche qu'un mauvais préfet de droite.

– Vous avez une idée en tête ? Des noms ?

– C'est là que ça se complique.

– Oui. D'autant que j'ajouterais aux qualités que vous avez soulignées le fait qu'il doit avoir une autorité naturelle afin de s'imposer à des directions qui ne reconnaîtront pas spontanément la légitimité de ce ministère et un sens de la diplomatie afin d'obtenir la collaboration des ministères que l'air de rien nous avons un peu dépouillés, comme l'Industrie, le Logement, l'Aménagement du territoire et j'en passe.

– C'est donc la perle rare que nous cherchons. Et là, tout de suite, je ne vois pas.

– Ne devrait-on pas appeler le secrétaire général de l'Élysée ? Après tout, il est préfet, il comprendra mieux que quiconque nos besoins et au passage on se fait bien voir.

– Caroline, c'est une idée lumineuse ! Passez-moi le téléphone interministériel.

– Le quoi ?

– C'est le téléphone qui permet de joindre tous nos homologues ainsi que le SGG ou le SG de l'Élysée, sans composer un numéro externe.

– Ben dites donc, vous avez révisé avant de venir, j'ignorais totalement l'existence de ce type de téléphone. Le seul hic, c'est que nous n'avons pas de téléphone du tout.

– Là, je sens que je vais m'énerver. Faites venir le DSAF. Qu'est-ce qu'il fout ? Quand on dit 8 heures, c'est pas 8 h 30 ! Débrouillez-vous pour me trouver immédiatement un téléphone, interministériel ou pas. »

Je reste relativement calme. J'ai l'habitude des emportements de mon patron. C'est un passionné qui peut se monter le bourrichon tout seul en un rien de temps. Cela peut surprendre, voire faire peur à ceux qui ne le connaissent pas, mais en réalité il faut surtout savoir le prendre. Je sors du bureau alors que Paul continue de ronchonner. Je n'ai moi-même pas de téléphone et même si j'en avais un je ne saurais pas quel numéro appeler. Je me retourne vers celui qui fait office de bouée de sauvetage, la seule personne que j'ai identifiée comme étant d'une aide quelconque : Alain.

« Dites-moi, Alain, on attend le DSAF depuis une demi-heure. Est-ce que vous savez où je peux le joindre ?

– Oui, bien sûr. »

Il sort un petit calepin rouge dans lequel figurent des dizaines de numéros classés par ordre alphabétique des directions et services au sein de l'hôtel de Matignon.

« Vous voulez qu'on appelle son secrétariat ?

– Oui, s'il vous plaît. Merci, Alain. J'en profite : vous n'auriez pas des téléphones qui traînent, par hasard ?

– Alors là, je ne peux pas vous aider, madame. Je pense que le DSAF vous apportera tout ce dont vous avez besoin côté logistique. »

Sauf qu'on en est loin. Alain compose un numéro et me tend aussitôt le combiné.

« Vous allez avoir son secrétariat. »

Au bout de deux sonneries, une voix féminine de grosse fumeuse décroche. Je m'empresse de me présenter et de rappeler qu'il y a un rendez-vous avec le ministre de la Construction et des Énergies. À l'autre bout du fil, la secrétaire semble embarrassée. Pour elle, le rendez-vous est bien à l'agenda.

Je suis encore en ligne quand j'entends le crissement d'une voiture sur les graviers de la cour. Le DSAF ! Enfin. « Un seul être vous manque et tout est dépeuplé », ne puis-je m'empêcher de penser. Cette idée m'est d'ailleurs très désagréable. J'ai horreur de me sentir dépendante de quoi que ce soit ou de qui que ce soit. Je vais être servie. Je remercie rapidement la secrétaire puis je raccroche et me précipite à la rencontre du DSAF qui monte déjà les marches quatre à quatre, accompagné de son adjoint.

J'attaque directement :

« On vous attendait de pied ferme, monsieur le directeur. Je ne vous cache pas que le ministre aurait aimé que vous soyez à l'heure, d'autant que, pour votre information, nous n'avons même pas de téléphone !

– Je suis sincèrement désolé, mais j'ai été appelé juste avant pour une urgence au sujet de l'appartement du Premier ministre. »

Le ton est poli mais ferme. Je regrette d'avoir été un peu sèche et je me demande si le côté « chef de cabinet » ne me monte déjà pas un peu à la tête. Je réalise que je viens de m'adresser à un très haut fonctionnaire, qui doit avoir deux fois mon âge, avec une familiarité dont je ne suis pas très fière. Il va falloir que moi aussi je trouve le ton juste. J'appréhende l'accueil qui sera fait au directeur par Paul, surtout avec une demi-heure de retard. Je n'ai qu'une peur : que mon patron passe ses nerfs sur un individu dont nous aurons à l'évidence beaucoup besoin à l'avenir.

À ma grande surprise, l'accueil de Paul est très cordial, à la limite même de la déférence. Décidément, il est totalement imprévisible. Le DSAF est un homme soigné d'une cinquantaine d'années, à la voix posée et agréable. Il s'exprime avec précision. Ses phrases sont courtes et incisives. Il va à l'essentiel. En un quart d'heure, avec l'aide de son adjoint, la liste de courses est faite : rendez-vous avec le mobilier national pour meubler différemment la pièce et changer le bureau en particulier, commande de fournitures comme du papier à en-tête du ministère qu'il faut fabriquer spécialement, puisqu'il n'existe pas, commande des téléphones, interministériel, fixe et portable, de voiture (il en faut une deuxième) et, enfin, présentation de l'organigramme des services de Matignon, appelés parfois personnels de soutien, destinés à faciliter la tâche des cabinets.

Je profite de ce rendez-vous pour prendre un maximum de notes. Je ne veux rien laisser paraître, autant par orgueil que par volonté de bien faire, mais à certains moments je me sens totalement dépassée. À la fin de la réunion, je conviens d'un deuxième rendez-vous en fin de matinée, cette fois avec uniquement l'adjoint du DSAF pour affiner quelques points et procéder à l'installation globale du ministère, pas seulement celle du ministre.

Au moment où je raccompagne les deux hauts fonctionnaires, en prenant soin de noter leurs numéros de portable, deux techniciens avec des téléphones et des cartons chargés d'électronique sous le bras se présentent…

Y a pas à tortiller, quand l'administration le veut bien, elle peut être d'une efficacité redoutable. Mais l'inverse est vrai aussi.

VI

BIENVENUE À BORD !

Quand je reviens dans le bureau de Paul, le technicien s'affaire afin de procéder à tous les branchements. En l'espace de quelques minutes, ce bureau qui semblait coupé du monde a pris l'aspect d'une tour de contrôle avec ses trois téléphones, un nouvel ordinateur, une imprimante, un fax, sans oublier l'incontournable télévision qui est dissimulée dans la pseudo-bibliothèque.

Je plaisante :

« Waouh, tout de suite, ça fait plus ministre ! »

Les techniciens font les quelques tests nécessaires, entrent les mots de passe choisis par Paul que je note précieusement, puis se retirent aussi vite qu'ils sont arrivés.

« Bon, maintenant que nous sommes devenus un peu plus autonomes, passons aux choses sérieuses, déclare Paul. Retour à notre priorité absolue, trouver un directeur de cabinet. Comment ça marche, ce truc ? commence-t-il déjà à s'énerver en tripatouillant le téléphone devant lui.

– Pour appeler le secrétaire général de l'Élysée, je pense que c'est cette touche-là. »

Je lui montre la touche en question avec une pointe d'angoisse. Je n'ai aucune certitude et je fais simplement jouer mon bon sens.

Mon cœur bat un peu plus fort pendant que Paul presse la touche. La moindre petite erreur à ce niveau peut avoir des conséquences que nous ne maîtrisons pas. Or, je ne parviens pas à m'empêcher de penser que, en réalité, nous sommes des amateurs qui font joujou avec les jouets de l'État. Paul, lui, semble se poser beaucoup moins de questions.

« Ça sonne, dit-il l'œil brillant. Bonjour, le secrétaire général, s'il vous plaît. Oui, le ministre de la Construction et des Énergies. Je patiente, merci. »

Je suis assise en face de lui et je guette la moindre de ses mimiques.

« Éric ? Oui, bonjour, pardon de te déranger. Dis-moi, je t'appelle car, comme un certain nombre de ministres, je cherche un directeur de cabinet. Comme tu le sais, mon ministère est nouveau et un peu particulier car très transversal. J'ai donc pensé que, pour occuper cette fonction, un préfet aurait le profil idéal. Est-ce que tu aurais des noms à me recommander ? OK, super. Très bien, j'attends ton retour. Merci, Éric. »

Il raccroche. La conversation a dû durer en tout et pour tout deux minutes cinquante. Mais Paul a l'air très satisfait.

« Alors ?

– Il pense que c'est une bonne idée. Il nous rappelle dans la journée pour nous donner deux ou trois noms. Il pense que c'est le minimum car au-delà de la compétence, m'a-t-il dit, il est primordial que ça passe côté caractère. Il me suggère donc d'en voir plusieurs. »

Le secrétaire général de l'Élysée a du métier. La vie de cabinet, la réussite ou l'échec de la mission dépendent autant de la qualité de chacun de ses membres que de leur capacité à travailler ensemble. Et cela commence par le haut. Les plus grands ministres, au-delà de leur personnalité, de leur énergie ou de leur capacité d'action, sont toujours ceux qui savent bien s'entourer. Derrière le ministre, il faut chercher le directeur de cabinet. Celui qui a suffisamment de finesse pour faire siens les objectifs et ambitions de son patron, et suffisamment de caractère pour lui résister et lui apporter une vraie complémentarité dans la pratique et la méthode. Les deux extrêmes sont voués à l'échec. D'un côté l'effet miroir qui risque d'enfermer les deux protagonistes dans leurs certitudes et les isoler. De l'autre, le bras de fer et l'incompréhension qui font que l'aventure tourne court.

À 11 heures pile, l'adjoint du DSAF, accompagné d'un autre homme, se présente à l'accueil du ministère. Je les rejoins. Nous nous installons dans la salle de la Chapelle. Ils ne sont pas venus les mains vides. Sitôt assis, l'adjoint du DSAF déploie devant nous une série de plans qui sont supposés représenter l'hôtel de Cassini et l'ensemble des bureaux et salles qui le composent. À première vue, il y a beaucoup plus de bureaux que je ne l'imaginais. Je découvre même l'existence d'un sous-sol aménagé qui abrite quatre petites salles de réunion.

Chaque pièce, quelle que soit sa taille, est désignée par une lettre et un numéro, comme sur un cadastre. Le bureau du ministre, par exemple, est identifié comme la pièce B12. J'interroge mes interlocuteurs sur l'origine de la numérotation, mais ils sont obligés de reconnaître qu'ils l'ignorent totalement.

L'objectif de cette réunion est d'organiser l'agencement général du ministère, la répartition des effectifs ainsi que certains besoins spécifiques, propres à un cabinet ministériel, comme une salle à manger par exemple ou une salle de repos pour les chauffeurs et officiers de sécurité. Par ailleurs, à la difficile question de la distribution des bureaux s'ajoute celle du mobilier. Je n'oublie pas que je me retrouve dans cette situation ubuesque où, pour le coup, j'ai un bureau, mais vide !

L'adjoint du DSAF propose d'avancer point par point. D'abord, les bureaux. Je sens que les nouvelles ne vont pas forcément être bonnes. Le visage fermé et concentré de mon interlocuteur ne laisse rien présager de bon.

« Madame le chef de cabinet, la bonne nouvelle, comme vous avez pu le constater, c'est que les trois bureaux les plus prestigieux du rez-de-chaussée ont d'ores et déjà été libérés par la direction générale de la Fonction publique.

– Et ils n'ont pas fait les choses à moitié, si j'en juge par l'absence totale de mobilier dans mon bureau.

– Pour le mobilier, nous allons y venir, madame. En ce qui concerne les bureaux, nous devrions pouvoir libérer le reste de ceux du rez-de-chaussée d'ici la fin de la semaine.

– Pardon ? Vous voulez dire que nous disposons en tout et pour tout de trois bureaux, en comptant celui du ministre ? Je fais comment, moi, avec les conseillers qui vont arriver ?

– Je comprends, madame, me répond le haut fonctionnaire sans se départir de son calme. Nous allons faire au mieux. Je vous propose qu'à compter de ce jour nous fassions un point quotidien afin de nous adapter au fur et à mesure. Je ne peux malheureusement pas faire beaucoup plus à ce stade.

– Enfin, c'est quand même dingue ! Vous vous rendez compte que dès cet après-midi il y a les questions au Gouvernement à l'Assemblée, demain le Conseil des ministres, et d'ici vendredi probablement les premières réunions techniques et vous êtes en train de m'expliquer que parce qu'une direction se croit propriétaire de ses bureaux, un ministère ne peut pas fonctionner normalement ? Mais on est où là ?

– Je comprends bien, madame, mais nous avons une difficulté supplémentaire liée au fait que votre ministère dépend de Bercy et pas de Matignon.

– Et alors ? Je ne vois pas le problème. Le fait que la direction de la Fonction publique soit rattachée à Bercy ne les a visiblement pas empêchés de prendre racine ici. C'est au contraire un argument que je pourrais retourner contre vous pour justifier qu'ils déménagent d'autant plus vite, non ?

– Vu sous cet angle, vous n'avez pas tort, madame. Mais ici comme ailleurs, nous sommes soumis à des règles, budgétaires notamment, très strictes, qui nous imposent de justifier de toute utilisation de locaux et de matériels et de justifier leur attribution. Nous devons donc faire valider par le SGG, le SG de Bercy ainsi que par les directeurs de cabinet du Premier ministre et du ministre d'État l'organisation que nous vous suggérons. »

Son discours se tient, mais je ne veux pas tout prendre pour argent comptant. Si j'ai appris quelque chose depuis que j'ai commencé à travailler dans le secteur public, c'est de me méfier des vérités assenées, surtout quand elles se retranchent derrière des règlements et autres procédures administratives connues de leurs seuls auteurs.

« Montrez-moi vos plans », dis-je d'un ton autoritaire.

L'adjoint du DSAF s'exécute et étale un peu mieux les plans des différents étages.

« Donc, si je comprends bien, nous ne disposons que de ce bureau-là, celui-ci et celui-là. » Je les pointe avec mon stylo.

« Tout à fait, madame.

– Très bien, maintenant, dites-moi qui occupe actuellement ceux-là, celui-là et ceux-là. Je désigne les pièces face au bureau du directeur de cabinet et celles dans l'aile est du bâtiment, au rez-de-chaussée.

– Je ne sais pas exactement, madame.

– Vous ne savez pas exactement qui les occupe, mais vous me dites qu'ils sont intouchables. Je crois surtout que vous ne voulez pas vous les mettre à dos. Vous savez quoi? On va aller les voir.

– Je ne suis pas certain que ce soit une très bonne idée, madame.

– Vous avez raison, ce n'est peut-être pas une bonne idée, mais quelque chose me dit que si nous ne bousculons pas les choses, le quinquennat se terminera que nous ne serons toujours pas installés! »

Je me lève dans la foulée, ne laissant pas d'autre choix à mes interlocuteurs que de m'imiter. À vrai dire, je ne sais pas vraiment où mon initiative va me mener. Mais je sens dans mon for intérieur que l'administration de Matignon, aussi polie qu'elle soit, ne fait pas le maximum pour me faciliter la tâche. Je me demande même dans quelle mesure ils ne ménagent pas leurs « collègues » pour faire comprendre au passage aux politiques qu'ils ne sont pas vraiment chez eux.

D'un pas décidé, je sors de la salle de la Chapelle, les deux fonctionnaires embarrassés sur mes talons. Nous nous engageons dans le petit couloir exigu qui relie le bâtiment principal et l'aile est. C'est la première fois que je l'emprunte. J'ai souvent entendu parler du manque de commodités des ministères voire de leur décrépitude dès que l'on quitte la zone d'apparat. Je constate que l'hôtel de Cassini ne fait pas exception. Le couloir ne ressemble à rien. Il est vieillot, ses murs sont défraîchis. Un lino bleu criard et gondolé par endroits recouvre le sol. Je m'arrête devant la première porte que nous trouvons. Je toque. Aucun bruit. J'ouvre la porte grinçante et je découvre une pièce qui tient bien plus du débarras que du bureau. Il y en a partout. Des cartons, une vieille chaise et même un aspirateur.

« Bon, ben je crois qu'on va déjà pouvoir récupérer un bureau supplémentaire, dis-je. Et peut-être même deux si la pièce d'à côté est dans le même état. » Ce que je vais vérifier dans la seconde et qui se confirme. D'un ton froid, j'ajoute : « Monsieur le directeur, à mon avis, vos plans méritent un sacré dépoussiérage. Comme tout ce pauvre hôtel particulier d'ailleurs. »

Les deux fonctionnaires ne cherchent même pas à bredouiller une excuse. Ils se contentent d'annoter nerveusement leurs plans. Je prends de l'assurance.

« On passe au bureau suivant ? »

Le tour des bureaux, plans à la main, continue encore une heure. Malheureusement pour moi, il n'y a pas de bonne surprise. L'hôtel de Cassini est plein comme un œuf. Qu'il s'agisse des bureaux de l'aile donnant sur la cour, de ceux plus petits à l'entresol ou de ceux mansardés au dernier étage, tous sont occupés et souvent partagés, malgré l'exiguïté de la plupart d'entre eux. Aucune de ces pièces n'est faite pour accueillir autant d'ordinateurs ou de matériels électriques. Les prises sont surchargées et des fils électriques courent de partout.

À chaque fois que nous passons une tête dans l'entrebâillement d'une porte, nous sommes accueillis par des regards noirs qui en disent long. Nous nous faisons même claquer la porte au nez, une fois. Je suis persuadée que ce voyage dans les soupentes de Cassini est aussi instructif pour moi que pour ceux qui sont supposés le gérer. Une fois redescendue dans la salle de la Chapelle, je fais admettre aux deux fonctionnaires de Matignon qu'il est temps de mettre un peu d'ordre dans tout ça. Mais si, sur le principe, je semble avoir gagné du terrain, sur le plan de la mise en œuvre c'est loin d'être gagné. On n'expulse pas une direction d'administration centrale d'un claquement de doigts et je vais vite m'en rendre compte.

D'autant que je ne suis pas au bout de mes (mauvaises) surprises. Une fois le problème de locaux évacué, à défaut d'être réglé, se pose la question du mobilier. Et évidemment, si c'était trop simple, ce ne serait pas drôle. Je commence par interroger l'adjoint du DSAF sur le mobilier volatilisé dans mon bureau. La réponse fuse : il s'agit de mobilier qui appartient au ministère de l'Économie et des Finances. Ils sont donc repartis aussi sec avec. Je n'en reviens pas. Sur la forme comme sur le fond. Sur la forme, cela ressemble à des enfantillages de cour d'école, sur le fond, c'est juste délirant puisque nous aussi nous dépendons de Bercy ! Ne voulant pas polémiquer une nouvelle fois et mettre à bout les fonctionnaires de Matignon dont j'ai, l'air de rien, sacrément besoin, je veux me montrer constructive et je me contente de demander la procédure à suivre pour avoir tout simplement une table et des chaises.

Le silence qui suit me laisse pantoise. L'adjoint du DSAF finit par me répondre que la logique veut que je m'adresse au secrétariat général de Bercy mais que, compte tenu du contexte, ce n'est pas le meilleur conseil à me donner… « *And so what?* » J'ai envie de hurler. Conscient du caractère kafkaïen de la situation, le DSAF adjoint prend l'engagement de trouver une solution interne aux services du Premier ministre afin que dès demain matin mon bureau soit meublé. Je n'en reviens pas. J'ai l'impression de faire la manche pour une table et deux chaises alors que je suis chef de cabinet d'un ministre. Le pouvoir n'est vraiment pas là où on croit qu'il se trouve.

En sortant de la salle de la Chapelle, je tombe nez à nez avec un kakemono à la gloire de la direction de la Fonction publique qui a été posé ostensiblement au milieu du hall. L'armistice n'est à l'évidence pas signé.

Le gargouillement caractéristique dans mon estomac me fait réaliser que la matinée est désormais bien avancée et que mon petit déjeuner est loin. Je toque à la porte du bureau de Paul et j'entre. Je trouve Paul et Sophie en grande discussion sur l'opportunité, ou pas, de se faire poser une question au Gouvernement dans l'après-midi même. Sophie, comme à son habitude, est va-t-en-guerre. Pour elle, il faut « faire pipi sur ton territoire » tout de suite, au risque sinon de disparaître dans la masse ou de se faire carrément piquer ses sujets. Sur ce point, elle n'a pas tort. La concurrence entre ministres est réelle. Elle prend même une tournure vitale pour certains ministres délégués ou secrétaires d'État qui y voient là la seule occasion de rappeler ou de justifier leur existence. Certains mendient une question auprès de Matignon ou de leur ministre de tutelle, d'autres la jouent plus finement en passant par le groupe parlementaire de la majorité pour s'en faire poser une.

Sophie pousse au maximum Paul dans cette direction, avec des arguments solides. Il est le seul ministre dont le portefeuille est inédit et a besoin d'être explicité. L'argument pour « vendre » la question est justement de mettre en avant cette nouveauté qui a été décidée car elle répondait à un besoin criant de l'économie française. En créant ce ministère atypique, c'est non seulement un signal envoyé aux professionnels du secteur, mais également le signe que ce Gouvernement se donne les moyens d'agir. Le plaidoyer de Sophie est convaincant. Il y a juste un hic, voire deux. Et pas des moindres. D'abord, quid du ministre de tutelle et de son cabinet ? Mon intuition est qu'une question téléguidée sans autorisation et à la gloire d'un « subordonné » n'est pas forcément la manière la plus habile de commencer une collaboration. Le deuxième hic est beaucoup plus prosaïque. Sans secrétaire, sans directeur de cabinet, sans conseiller technique, sans conseiller chargé des relations avec le Parlement, l'opération s'annonce épique.

Ces deux observations ne pèsent pas bien lourd face au désir intense d'exister et d'entrer dans l'arène. Je le sens et je bats assez vite en retraite. Mon obsession est maintenant de limiter la casse, voire, si possible, d'en faire une opération profitable. Paul et Sophie, de leur côté, sont excités comme des gamins un jour de rentrée.

L'opération QAG (question au Gouvernement) est lancée à 12 h 15. Déjà un peu tard selon moi. Je connais par cœur les us et coutumes de l'Assemblée nationale. Le groupe parlementaire est en ce moment même en train de se réunir. Difficile donc d'anticiper et de suggérer une question. Pour Paul, la chose est néanmoins entendue. Il nous laisse nous dépatouiller pour aller déjeuner avec un de ses copains de promo pour fêter sa nomination.

« Je vous fais entièrement confiance », nous lance-t-il à la cantonade, tout guilleret.

Je n'ai pas arrêté depuis 7 heures du matin et, à cet instant, je vois mon déjeuner se volatiliser. Je l'ai un peu mauvaise.

« J'espère qu'il se rend compte de ce que ça représente comme boulot », dis-je à Sophie qui n'entend rien.

Elle est déjà dans le service après-vente d'une question et accessoirement d'une réponse qui ne sont ni pensées, ni rédigées et encore moins vendues. Le coup est parti. Il faut assurer maintenant. Je regarde ma montre. 12 h 25. La réunion de groupe bat son plein. C'est trop risqué d'attendre sa fin avec déjà probablement la plupart des thèmes et des orateurs arrêtés. J'envoie un premier SMS au directeur de cabinet du président du groupe que je connais bien.

« Mon patron souhaite répondre à une QAG. Jouable ? »

Sans attendre de réponse, j'envoie le même SMS à la secrétaire générale du groupe. Celle-ci me répond dans la minute.

« Il est ministre de quoi, déjà ? »

« Au moins, ça apprend l'humilité », me dis-je.

« Construction et Énergies.

– On fait le point à la fin de la réunion.

– OK. »

L'affaire n'est pas écrite mais jouable. Je me retourne vers Sophie qui continue de textoter frénétiquement.

« Qu'est-ce que tu peux bien raconter ? On a encore rien à se mettre sous la dent.

– Tout est dans l'art de mettre l'eau à la bouche, Caro. Si tu ne fais pas un peu de *teasing*, tu n'auras aucune retombée.

– Alors, je peux savoir ce que tu “ teases ” ? Qu'on dise au moins la même chose. Et qu'on fasse dire au patron la même chose.

– J'informe mes contacts journalistes que Paul va répondre à une question et qu'à l'occasion de sa réponse sera officialisée l'étendue de son champ de compétences qui risque de faire grincer des dents dans beaucoup de ministères.

– Mais t'es malade ! Les décrets d'attribution ne sont même pas sortis ! Tu voudrais nous flinguer que tu ne t'y prendrais pas autrement !

– Plus c'est gros, plus ça passe. Et le pire, c'est que je suis prête à prendre les paris que c'est justement cette réponse qui posera les bases de nos attributions. »

Je n'en crois pas mes oreilles. Je sais Sophie provocatrice mais là, elle joue carrément avec le feu. Je pèse encore les risques de ce scénario quand mon portable vibre. C'est Paul.

« Dites-moi, Caroline, je réfléchissais dans la voiture et je pense que j'ai eu une bonne idée. J'ai demandé à Georges s'il était d'accord pour poser la question. »

Je manque de m'étrangler.

« Georges, votre suppléant ?

– Évidemment, de quel Georges voulez-vous que je vous parle ? me répond-il avec une pointe d'agressivité.

– Alors là, monsieur le ministre, excusez-moi, mais c'est la grosse bêtise à ne pas faire. Vous serez immédiatement l'objet des railleries de l'opposition comme de la majorité d'ailleurs. Le ministre qui se fait poser une question par son suppléant, c'est pas possible. Souvenez-vous quand même, vous étiez le premier sur les bancs de l'Assemblée à crier “ Allô, allô ! ” quand la question vous semblait téléphonée. »

Paul est douché mais il doit reconnaître que j'ai raison. Pour autant, son sale caractère reprend le dessus et, vexé comme un pou, il me raccroche presque au nez en me disant de me « démerder ».

Je suis plus que contrariée de cet échange. Je suis convaincue d'avoir raison, mais je déteste les tensions avec mon boss. Plutôt déterminée, j'ai pourtant toujours peur de mal faire et je suis en permanence à la recherche de la perfection. Mon éternelle insatisfaction fait de moi une collaboratrice hors pair pour patron exigeant, car je suis toujours sur le qui-vive. Mais j'ai régulièrement besoin d'être rassurée. Des échanges comme celui-là ne sont pas pour me conforter.

Je n'ai pas le temps de m'apitoyer sur mon sort. Mon téléphone vibre à nouveau. La secrétaire générale du groupe.

« Salut, Caroline. Bon, tes vœux sont plus qu'exaucés. Je n'aurais pas parié une seconde là-dessus, mais j'ai trois demandes de question pour ton ministre. Je ne sais pas encore qui va les poser. Mais grosso modo, la première sera sur le “ pourquoi ” de ce ministère, la deuxième sera plus axée sur la construction et la troisième sur les énergies.

– Pour une première, ça va être une sacrée première. Merci de ton appel. Dès que tu as une idée de qui les pose, je suis évidemment preneuse. Si on pouvait même avoir les questions une fois qu'elles sont rédigées, ce serait super.

– Je vois ce que je peux faire. C'est Blaise au groupe qui suit ça. N'hésite pas à l'appeler.

– OK, merci. »

Je me félicite d'avoir toujours entretenu de bonnes relations avec le groupe. J'en récolte les fruits aujourd'hui et je suis soulagée de pouvoir compter sur quelques relais. Mais mon apaisement est de courte durée. Qui va préparer des réponses dignes de ce nom ? Nous sommes un cabinet, sans directeur, sans conseiller technique, sans service. Je m'en ouvre à Sophie. Le problème ne l'a même pas effleurée.

– Pour la question sur le pourquoi du ministère, on n'a qu'à reprendre le discours du Président sur la crise économique pendant la campagne. Pour la construction, on reprend les doléances des professionnels du secteur et pour les énergies, heu, on n'a qu'à reprendre le débat sur le tout nucléaire. »

Je reste dubitative. Paul n'est plus un simple parlementaire qui peut dire un peu ce qu'il veut. Désormais, il appartient à un gouvernement et sa parole n'engage pas que lui. Sans compter que les sujets sont on ne peut plus sérieux. En même temps, je n'ai pas vraiment d'autre proposition à faire. Nous commandons avec Sophie une omelette et du fromage à l'office et déjeunons rapidement dans le bureau de Paul. Entre deux bouchées, nous tentons de dresser les grandes lignes des réponses, non sans mal. Il est environ 14 heures lorsque mon portable vibre à nouveau. Je ne connais pas le numéro. Je décroche. Une voix au téléphone se présente comme le conseiller en charge des relations avec l'Assemblée nationale au cabinet du ministre chargé des relations avec le Parlement. On m'informe que mon ministre a trois questions. Je me dis que le boulot de ce gars n'a pas grand intérêt si c'est pour m'apprendre ce que je sais déjà. Ou ce que je crois savoir. Si Paul a bien trois questions, ce n'est pas celles auxquelles je pensais. J'apprends que le ministre d'État s'est tout simplement réapproprié celle sur les raisons de la création de ce ministère. Les deux autres sont maintenues mais s'ajoute une question de... l'opposition. Branle-bas de combat.

Sophie, au contraire, jubile. Selon elle, c'est le meilleur moyen de donner à Paul une existence politique. Pour elle, il vaut mieux prendre comme une bonne nouvelle le fait que le ministre d'État s'implique. C'est la meilleure preuve de l'importance des dossiers qu'on aura à traiter. En tout cas, c'est ce qu'elle dira à la presse. Quant à la question de l'opposition, elle estime que c'est un bon moyen de souder la majorité parlementaire autour de Paul.

Elle se tourne vers moi et lance :

« Et puis il est dans le grand bain maintenant. Et pour apprendre à nager, il faut se jeter à l'eau ! »

Je n'insiste pas. J'envoie un SMS à Paul pour l'informer de ces trois questions et lui dire que nous avons préparé quelques éléments de langage, comme on dit dans le jargon. Il me répond d'un laconique OK. Vingt-cinq minutes plus tard, il réapparaît en trombe, récupère la chemise dans laquelle nous avons glissé des articles de presse, les questions que nous avons récupérées et les fameux éléments de langage, puis il repart.

À 15 heures précises, toujours dans le bureau de Paul, nous allumons la télévision. Sophie la branche sur la trois. L'hémicycle apparaît. Ni Sophie ni moi ne parvenons à apercevoir notre boss sur les bancs réservés aux ministres. Ça commence mal. Puis la caméra fait un grand-angle. Il apparaît, complètement à l'extrême gauche de l'hémicycle, au deuxième rang. Sophie éructe. « C'est pas vrai ! À tous les coups il a taillé le bout de gras avec les copains, sans réaliser une seule seconde que les places sont chères, y compris au banc ! »

Notre calvaire ne fait que commencer. Paul n'est pas assez préparé pour cette première épreuve. Alors que le ministre d'État fait une réponse magistrale, Paul apparaît ensuite comme hésitant, cherchant ses mots et pas assez concis. Il se fait couper la parole deux fois par le président de l'Assemblée nationale et un brouhaha caractéristique d'une assemblée dissipée se fait entendre. Quant à sa réponse à l'opposition, elle est inutilement agressive et polémique. Il a voulu trop en faire. Et pour finir, je viens de recevoir deux textos incendiaires : l'un du conseiller parlementaire du ministre d'État, l'autre de celui du Premier ministre pour m'engueuler de ne pas leur avoir transmis les éléments de réponse de Paul.

Paul, Sophie et moi, nous sommes en train de découvrir que, si la politique est un métier, ministre réclame un savoir-faire. Et en la matière, nous sommes encore des débutants.

VII

ET LE CABINET NAQUIT...

Nous sommes en train de visiter l'office pour comprendre qui y travaille et comment cela fonctionne quand nous recevons toutes les deux le même texto de Paul : « Je vous attends dans mon bureau. »

Quand nous arrivons dans le bureau du ministre, celui-ci est au téléphone.

« OK, merci, Éric. Je te tiens au courant. » Puis, s'adressant à nous : « Je viens de raccrocher avec le secrétaire général de l'Élysée. Il m'a donné les trois noms des directeurs de cabinet potentiels. Caroline, il faudrait appeler son secrétariat pour qu'il nous communique les numéros où les joindre. »

Je prends la liste qu'il a griffonnée et je sors téléphoner au secrétariat. Je reviens quelques instants plus tard avec toutes les coordonnées. Entre-temps, Sophie interroge Paul sur le parcours des prétendants. Conformément à la commande, ils sont tous préfets avec une grande expérience en tant que préfet de département, et pas dans les plus petits, mais aussi en cabinets ministériels. Deux d'entre eux ont travaillé au cabinet de deux ministres de l'Intérieur, le troisième a été directeur de cabinet d'un ministre de la Défense... de gauche. D'emblée, Sophie tique sur le dernier.

« Ça y est, ils recommencent avec leur lubie d'ouverture. Je ne vois pas comment on peut travailler s'il n'y a pas une confiance totale. Et puis, on est quand même là pour faire de la politique ! »

Paul se montre beaucoup moins obtus. En tant que député, il a constaté à quel point l'orientation politique de ces grands serviteurs de l'État a peu d'importance. Ce qu'il veut, c'est un collaborateur avec une autorité naturelle, de l'expérience, de la loyauté, une grosse capacité de travail et un grand sens du devoir. Le reste importe peu.

Il me demande de les appeler pour fixer des rendez-vous le plus rapidement possible. J'appelle le premier numéro. Messagerie. Je laisse un message. J'appelle le deuxième. Au bout de trois sonneries, une voix enrouée me répond que ce serait un grand honneur mais que, compte tenu de certaines obligations, il ne pourra pas rencontrer le ministre avant quarante-huit heures. Mauvais point. Rendez-vous est néanmoins pris. Le troisième appel est express. Je lui demande quand il peut être disponible.

« Je peux être au ministère dans une heure », me répond mon interlocuteur.

Une heure plus tard, une Peugeot 607 grise, immatriculée dans les Yvelines, se présente à l'entrée du ministère. Je vais accueillir le visiteur directement sur le perron. J'ai la fâcheuse tendance, très utile parfois, à analyser les gens au premier regard. Je veux le « cueillir » immédiatement avant qu'il n'ait le temps de se composer un personnage. À supposer qu'il en ait l'intention. Un assez bel homme, cheveux grisonnants, cinquante-cinq ans environ, sort de l'arrière de la voiture. Il porte un élégant costume bleu nuit, une cravate de la même couleur sur une chemise blanche parfaitement repassée. Il marque des points à mes yeux. Je le trouve très « présentable ». La poignée de main est franche. Bon point supplémentaire, il regarde les gens dans les yeux. Ses yeux sont rieurs et son regard déterminé, sa voix basse et calme. Je suis sous le charme.

Paul et le préfet s'entretiennent une grosse demi-heure puis se quittent sur une franche poignée de main. Sophie et moi, nous attendons dans le hall.

« Caroline, demande Paul, merci de bien vouloir montrer à Michel où se trouve son bureau. »

Nous écarquillons les yeux, mais je m'exécute sans dire un mot. J'accompagne le préfet vers le bureau qui jouxte celui de Paul. Plongé dans la pénombre, il semble plus lugubre que jamais.

« Ce sera parfait, dit-il. Spartiate mais parfait.

– Il est encore dans son jus, dis-je comme pour m'excuser. On va dire qu'on n'est pas encore totalement installés, mais normalement il est opérationnel.

– Aucun problème. Si je courais après le confort matériel, je resterais à la préfecture des Yvelines. Mais vu la tâche qui nous attend, je pense que nous aurons peu le loisir d'y penser.

– Je vais demander qu'on l'arrange un peu quand même. Quand arrivez-vous de manière effective ?

– Je pense être là demain matin vers 7 h 30. »

Sur l'instant, je crois qu'il plaisante, mais pas du tout. S'il s'avère aussi efficace que réactif, nous avons déniché la perle rare.

Quand je reviens dans le bureau de Paul, la discussion entre lui et Sophie est animée. Elle lui reproche de n'avoir vu qu'un seul candidat, considère qu'il s'est précipité et qu'il manque de discernement en prenant un type de gauche. Paul ne lui cède pas d'un pouce et lui répond fermement qu'il a eu un excellent feeling. Pour lui, à l'évidence il a la carrure, l'expérience et même la vision de ce qu'il faut faire de ce ministère. Fin de la discussion. Sophie, furieuse, sort du bureau en claquant la porte.

J'en viens à me demander si elle ne jalouse pas l'influence du dircab, avant même qu'il ne prenne ses fonctions.

Le lendemain matin, j'arrive au ministère à 8 heures moins le quart. Je me dirige directement vers mon bureau dont les portes sont fermées. Je les ouvre d'un mouvement brusque comme pour conjurer le sort. Quelle n'est pas ma bonne surprise en voyant mon immense bureau garni d'un mobilier, certes sans aucun cachet ni aucune trace d'élégance mais fonctionnel et qui surtout a le mérite d'exister. Les services ont pris soin de disposer un très grand bureau qui prend une grande partie de la longueur de la pièce, avec une desserte de chaque côté. Un ordinateur fixe mais aussi un ordinateur portable et une imprimante sont installés et connectés. Un Post-it a été laissé en évidence avec les mots de passe. « Pas très sécurisé », ne puis-je m'empêcher de penser au passage. Une table de réunion avec six chaises a également été installée le long des baies vitrées. J'ai l'impression d'être une petite fille découvrant ses cadeaux sous le sapin déposés par le Père Noël. J'ai presque des scrupules en repensant à la dureté avec laquelle j'ai traité les services logistiques de Matignon la veille. Je me reprends rapidement en me disant que si je ne m'étais pas comportée de la sorte, je serais probablement encore en train d'attendre qu'on me trouve les clés pour entrer.

Une fois mon sac posé et mon manteau enlevé, je me rends dans le bureau du directeur. Cela me fait chaud au cœur de savoir que l'équipe se renforce. Je me sens moins seule et surtout j'ai l'impression que nous allons enfin constituer un vrai cabinet. Michel est déjà là, en train de couvrir de notes une série de feuillets. Je toque timidement.

« Entrez, entrez », me dit-il chaleureusement.

Pour une raison inexpliquée, je me sens immédiatement à l'aise avec lui. Probablement ce mélange de force et de douceur. Il s'est glissé dans le moule du bureau avec une aisance incroyable et semble faire partie du cabinet depuis toujours. Il m'invite à m'asseoir.

« Je vous proposerais bien un café, mais j'avoue que je ne sais pas comment on fait ici », dit-il avec un sourire presque timide.

« Alors là, c'est mon rayon, y a à peu près que ça qui marche pour le moment. »

Je me penche sur le bureau, me saisis du téléphone, presse une touche et dans la foulée commande deux cafés.

Michel joue les faux impressionnés.

« C'est à ça que l'on reconnaît les puissants.

– Arrêtez de vous moquer de moi.

– Mais ce n'est pas totalement faux. Vous verrez que le moral des troupes se trouve toujours au fond de la gamelle.

– Alors ça me rassure, parce que depuis quelques jours je ne gère que ça, les gamelles et autres problèmes d'ampoules. Parfois, je me demande si je ne suis pas le chef de cabinet de… toilette. »

Le directeur part d'un rire franc.

« Eh oui, nous avons tous une part de sale besogne.

– Blague à part, monsieur le directeur…

– Appelez-moi Michel.

– Blague à part, Michel, je suis vraiment contente que vous soyez là, parce que moi, je commençais à être complètement perdue.

– Ça, c'est normal. Les débuts d'un cabinet sont toujours chaotiques. Ça part dans tous les sens, il y a les ordres et les contre-ordres, chacun cherche sa place. Mais vous, c'est vrai que vous cumulez avec cette création de ministère *ex nihilo*. Et puis un ministère dépendant de Bercy dans les locaux de Matignon, j'avais encore jamais vu.

– Ne m'en parlez pas. J'ai l'impression que la direction de la Fonction publique, qui occupe encore 90 % des locaux, a tracé une ligne Maginot derrière laquelle elle compte camper un bon moment.

– Je les connais par cœur. Ils vont jouer la montre en espérant que vous lâchiez l'affaire. Restez inflexible et c'est eux qui vont lâcher.

– Si vous le dites. Mais je vous rappelle que la durée de vie moyenne d'un cabinet, c'est dix-huit mois. À ce jeu-là, je risque d'être encore à négocier le double des clés que nous serons déjà virés. »

Les deux cafés arrivent. J'avale rapidement une première gorgée. Puis j'interroge Michel sur son parcours, son expérience et les raisons qui lui ont fait accepter ce poste. Il répond avec simplicité et franchise. Il m'explique qu'il arrive en fin de carrière, qu'il pense avoir fait le tour en tant que préfet des Yvelines et, surtout, sa dernière expérience en cabinet ministériel s'est mal terminée. Il a à cœur de laver ce qu'il estime être une tache. Je ne sais pas s'il est déplacé de tenter d'en savoir plus. Probablement qu'il vaudrait mieux que j'attende. Mais il en a trop dit, ou pas assez. N'y tenant plus, je l'interroge donc plus avant. À ma grande surprise, il me répond assez naturellement. Je sens que cela lui fait du bien d'en parler. Il n'a pas dû avoir beaucoup d'occasions de le faire. C'est ainsi que j'apprends qu'il a été le directeur de cabinet du ministre de la Défense au moment de cette incroyable et inédite fronde des militaires, qui étaient allés jusqu'à manifester dans les rues de Paris. Du jamais vu. Il me raconte dans le détail comment il s'est retrouvé seul au front, un ministre absent, qui tel un déserteur laissa le problème de sa responsabilité réglé par d'autres, lui en particulier. Le tout sans aucune reconnaissance. Pire encore, il fut accusé de ne pas avoir su régler le problème. Je sens qu'il a encore cet échec sur le cœur et je comprends mieux ses motivations pour retenter l'aventure et ainsi le surmonter.

Michel boit à son tour une gorgée de café et sans transition m'expose ses réflexions sur l'organisation générale du cabinet et sur les fonctions principales qui devront être remplies. Il a visiblement pas mal phosphoré depuis sa discussion avec Paul. Il me présente une forme d'organigramme. Il a décortiqué toutes les compétences qui peuvent revenir potentiellement à ce ministère et a souligné en rouge celles pour lesquelles il estime qu'il faut se battre dans le décret d'attribution. Il a ensuite fléché un profil de conseiller en face de chacune d'entre elles. Cela paraît simple et limpide alors que c'était un vrai sac de nœuds dans mon esprit quelques instants auparavant.

Le cabinet d'un secrétaire d'État a droit à une dizaine de conseillers. Paul a donné la consigne stricte de s'y tenir. Il a balayé d'un revers de la main la pratique couramment utilisée d'avoir recours à des conseillers officieux, c'est-à-dire des conseillers qui ne figurent pas dans l'organigramme du cabinet. Il trouve cela détestable pour l'ambiance du cabinet – il y a les vrais et les faux conseillers, et peu respectueux des collaborateurs. Sans parler de la forme de tromperie que cela représente. La règle est édictée pour être respectée. Michel semble très heureux de cet état d'esprit et en a d'emblée pris son parti. Il a donc bâti le cabinet sur la base de dix conseillers, lui inclus.

J'examine sa proposition. Je n'ai pas vraiment d'avis sur la partie technique du cabinet. En revanche, je veux suivre de près la partie politique. Les cabinets ministériels sont en effet traditionnellement composés de deux parties bien distinctes. L'une technique, réunissant le directeur de cabinet, un directeur adjoint et des conseillers techniques spécialisés par sujets. L'autre, politique, composée d'un conseiller spécial (parfois appelé conseiller auprès ou conseiller en charge des affaires réservées), d'un chef de cabinet, d'un conseiller en charge de la communication, d'un conseiller en charge des relations avec le Parlement et d'une secrétaire particulière.

Si le directeur de cabinet et les conseillers techniques sont issus systématiquement des administrations sur lesquelles s'appuie le ministère, les conseillers dits « politiques » ont des parcours plus variés. Beaucoup se retrouvent à ce type de poste car ils ont déjà travaillé ou travaillent déjà pour le ministre avant sa nomination. Les autres ont généralement une expérience au Parlement ou dans un parti politique et ont fait preuve d'un lobbying intense pour obtenir le Graal d'une nomination en cabinet ministériel.

Paul a fait le choix de ne pas avoir de conseiller, soi-disant spécial. Il se méfie de ces hommes de l'ombre, *spin doctors* autoproclamés qui, à y regarder de plus près, sont plus prompts à servir leurs intérêts et leur propre réputation que celle de leur patron. Paul ne parvient tout simplement pas à identifier leur valeur ajoutée et ce qu'ils apportent concrètement. Il se sait en confiance avec Sophie et moi. Il ne lui reste qu'à recruter un conseiller en charge des relations avec le Parlement et une secrétaire.

« Votre organigramme me semble très cohérent, Michel. Il ne reste plus qu'à le faire valider par le ministre. Je le connais. Il va vouloir aller vite. Vous avez des noms en tête pour les différents postes de conseillers techniques que vous avez identifiés ?

– Je pense à quelques personnes que j'ai croisées dans ma carrière ou avec lesquelles j'ai déjà collaboré. Il faut évidemment que le ministre soit d'abord d'accord avec cette organisation. Ensuite, je lui proposerai de rencontrer les personnes auxquelles je pense. Car c'est lui qu'elles vont servir, pas moi. Si cela ne vous dérange pas, Caroline, j'aimerais aussi que vous les rencontriez. Au-delà de leurs capacités techniques, je voudrais être sûr qu'ils s'entendent avec le ministre et qu'ils s'intègrent dans l'équipe. Et là-dessus, je pense que vous êtes bien mieux placée que moi.

– Vous avez raison, Michel, c'est primordial. Vous pouvez compter sur moi. »

Paul ne fait aucune difficulté quand Michel lui présente l'organigramme. À l'évidence, la confiance s'est déjà installée entre les deux hommes. Je n'en reviens pas de la vitesse avec laquelle cela s'est fait. Un vrai coup de foudre. Michel ne perd pas de temps et convoque des fournées entières de prétendants. La plupart de ceux qui passent son barrage recueillent mon assentiment et celui de Paul. Seuls deux d'entre eux sont recalés. L'un parce qu'il était d'une timidité maladive, ce qui avait le don d'exaspérer Paul.

L'autre parce qu'il n'avait pas compris qu'en entrant en cabinet ministériel il ne fallait plus compter sur les trente-cinq heures, ses RTT, ses soirées, ses week-ends ou ses cinq semaines de congés payés. Un ministre a dit une fois qu'on entrait en cabinet ministériel comme on entrait en religion. Ce n'est pas totalement faux. À ceci près que l'expérience est généralement de courte, voire de très courte durée.

En l'espace de vingt-quatre heures, le cabinet dans sa version technique est presque au complet. Une petite dizaine de jeunes hauts fonctionnaires bardés de diplômes plaquent tout pour nous rejoindre, avec pour exigence une disponibilité totale et immédiate. Il me reste maintenant à charge de trouver une secrétaire particulière, un conseiller parlementaire et une armée de secrétaires mises à disposition par Bercy ou Matignon pour assurer le fonctionnement continu du cabinet.

Un cabinet ministériel sans « personnel de soutien » serait comme un bolide sans moteur. L'organigramme, aussi huilé soit-il, ne peut donner toute sa puissance s'il n'est pas accompagné d'une myriade d'assistantes, de quelques chauffeurs et d'une intendance efficace. Toutes ces fonctions de l'ombre offrent un soutien précieux aux conseillers. Débarrassés de la plupart des tâches matérielles, ils peuvent ainsi se consacrer à 100 % à leur mission.

J'ai conscience de l'importance de ce recrutement. Les directions des ressources humaines de Matignon et de Bercy ont fait passer une annonce à tous les volontaires potentiels : « Nouveau ministère cherche assistants et chauffeurs pour une mission de dix-huit à vingt-quatre mois. Forte motivation demandée. Primes en conséquence. »

Contrairement à ce que j'aurais pu penser, la chose n'est pas si facile. D'abord parce que la plupart des fonctionnaires ne voient pas l'intérêt de quitter leur poste du moment pour une mission qui sera très temporaire. Cela ne correspond pas du tout à leur culture. Par ailleurs, la petite prime de cabinet qu'ils touchent est bien dérisoire face à l'augmentation considérable de leur charge de travail, sans compter la nécessité d'accepter des horaires flexibles. Enfin, pour un cabinet d'une dizaine de conseillers, il faut recruter presque le double en personnels de soutien afin de couvrir le spectre horaire total d'une journée. Secrétaires comme chauffeurs fonctionnent donc en « brigade », une équipe du matin, une équipe de l'après-midi, avec une heure en commun afin de transmettre les consignes.

Compte tenu de ces contraintes, le profil des fonctionnaires qui acceptent l'aventure est souvent le même. La maîtresse-femme, limite autoritaire et pas franchement « funky », mais d'une efficacité redoutable et qui commence à tourner en rond, la jeune recrue idéaliste dont les yeux pétillent à l'idée de travailler pour un ministre ou le chauffeur qui veut arrondir ses fins de mois. Dans le lot, il y en a quand même toujours un dont on se demande ce qu'il fait là et dont son administration d'origine s'est visiblement débarrassée. C'est ainsi que j'écope d'un chauffeur qui n'est autre qu'un postier à la retraite (à l'époque, La Poste dépendait du ministère de l'Économie et des Finances), qui a du mal à passer la seconde et qui a déclaré la guerre au GPS.

Une fois tout ce petit monde en passe d'être recruté, je dois négocier avec Bercy l'enveloppe financière globale nécessaire au bon fonctionnement du cabinet : salaires, budget voitures, budget déplacements, nourriture, fournitures, etc. Les salaires des conseillers techniques ne sont pas une charge pour le cabinet car ils continuent de peser sur leur administration et corps d'origine. Seules les primes, de l'ordre de 2 000 euros par mois, sont payées par le cabinet. En ce qui concerne les conseillers dits politiques, qui ont un statut de contractuel, l'intégralité du salaire, prime incluse, est prise en charge par le cabinet. Autre singularité s'agissant des contractuels : l'ensemble de leur rémunération est soumise à l'impôt. En revanche, s'ils devaient connaître le chômage, leurs indemnités ne seront calculées que sur leur rémunération hors prime. Des subtilités de la contractualisation dans le secteur public…

Recrutement fait. Installation quasi faite. Réglages administratifs OK. Il reste un dernier point à régler et pas des moindres : quelles compétences exactes a ce ministère ? Paul a rendez-vous avec le SGG pour en déterminer les contours. Ces derniers seront gravés dans le marbre du décret d'attribution. Là encore, ce n'est pas simple. Afin de ne pas commettre d'impair et de ne pas taquiner le diable qui se serait niché dans un détail, Paul a demandé à son directeur de cabinet d'être présent à cet entretien.

Il leur faut plus d'une heure pour tomber d'accord sur une proposition qui sera ensuite soumise au ministre d'État, en tant que tutelle du ministère, et au Premier ministre. Michel, qui est rompu à l'exercice, se montre inflexible sur de nombreux points et se révèle un négociateur hors pair pour obtenir que le ministère de Paul ait autorité directe, même partagée mais directe, sur de nombreuses administrations puissantes comme la direction de l'Environnement, de l'Aménagement et du Logement (DEAL), la direction de l'Habitat, de l'Urbanisme et des Paysages (DHUP), la direction générale de l'Énergie et du Climat, la direction générale des Infrastructures, des Transports et de la Mer ou encore la direction générale de la Compétitivité, de l'Industrie et des Services.

Ils tentent bien de mettre également la main sur la puissante direction du Budget mais, là, la ficelle est un peu grosse. Finalement, les deux hommes sont assez contents de leur petit hold-up. La puissance d'un ministère se mesure à deux choses : la force de frappe médiatique et politique du ministre et le poids et le nombre d'administrations sur lesquelles il a autorité. À Paul de montrer maintenant ce qu'il est capable d'en faire.

De mon côté, je mets la dernière main à l'installation. J'ai convoqué à nouveau en urgence l'adjoint du DSAF. Compte tenu de la réactivité de Michel, dans deux jours, le cabinet sera au complet et nous ne disposons à ce jour en tout et pour tout que de cinq malheureux bureaux. Le haut fonctionnaire revient, un peu abattu, avec ses plans. Il n'a pas d'autre choix que de déloger la direction de la Fonction publique un peu plus brutalement que prévu. C'est ça ou des articles de presse sur les conseillers ministériels sous une tente Quechua dans la cour de Matignon. C'est en tout cas ce dont je l'ai menacé. Une forme d'arrangement est finalement trouvée. Les services de Matignon et de Bercy obtiennent une semaine supplémentaire pour reloger tout le monde. Pendant ce temps-là, les conseillers du cabinet utiliseront les quelques bureaux déjà disponibles en open space.

Je ne suis pas fâchée d'arriver au bout de cette installation. Je ne peux m'empêcher d'éclater de rire le jour où, alors que le cabinet doit enfin récupérer l'ensemble des locaux, nous nous rendons compte que la direction de la Fonction publique a pris soin de bien fermer tous les bureaux à double tour et de partir avec les clés !

Une semaine après notre arrivée fracassante, je regarde fièrement la plaque parfaitement lustrée qui est en train d'être accrochée à l'entrée du 32, rue de Babylone et sur laquelle est écrit en lettres d'or « Ministère de la Construction et des Énergies ».

DEUXIÈME PARTIE

CONQUÊTE DU POUVOIR… TOUS LES JOURS !

I

L'ALERTE

Cela fait maintenant un peu plus d'un mois que le ministère de la Construction et des Énergies a été créé. Le cabinet fonctionne à plein régime. Sophie et moi nous sommes adaptées au rythme déroutant de la vie ministérielle. Un mélange d'urgence continue ponctué de réunions multiples et à rallonge.

La vie du cabinet se structure autour de trois réunions hebdomadaires. La première, celle du lundi, réunit le cabinet restreint. Outre le ministre, y participent le directeur de cabinet, le directeur adjoint, le chef de cabinet et la conseillère com. Cette réunion a pour but non seulement de balayer l'agenda du ministre mais de réfléchir à des initiatives permettant de le mettre en avant ou d'anticiper des réactions en fonction d'une actualité à venir. Paul souhaite que chacun des participants arrive systématiquement avec des idées nouvelles et des propositions. Assez rapidement, il a compris que c'est à lui de se créer son propre espace et que s'il attend que le Premier ministre ou son ministre de tutelle le mettent en avant, il risque d'attendre longtemps. Il exige donc de ses conseillers d'être proactifs. Le mouvement permanent a été érigé comme devise, quitte à monter de toutes pièces un événement.

L'équipe restreinte se réunit dans la salle des Marbres qui est devenue un peu le POPB (Palais Omnisports de Paris Bercy) du cabinet. À la fois salle de réunion, salle à manger et salle de réception, elle ne désemplit pas. L'intendance, quant à elle, ne chôme pas.

En ce lundi matin pluvieux, la réunion ne s'annonce pas de tout repos. Paul est d'une humeur exécrable. L'intendant s'est fait engueuler parce que le café est trop chaud et j'ai pris une avoinée parce qu'il ne retrouve pas sa chemise avec tous les dossiers du jour (qui, après une petite recherche, était consciencieusement rangée dans sa serviette). Je déteste quand il est comme ça. Depuis qu'il est ministre, je constate que cela lui arrive de plus en plus souvent. Ne commencerait-il pas à être touché par le syndrome de l'enfant gâté ?

Alors que Michel et le dircab adjoint sont déjà installés dans la salle des Marbres et que Paul se fait attendre, je reconnais le pas caractéristique de Sophie. Rapide, nerveux, déterminé. En fait stressant. Mais ce matin-là, elle a une bonne raison. Elle arrive à ma hauteur avec la moue des mauvais jours.

« Tu as lu la presse ? m'interroge-t-elle sans préambule.

– Non. Paul m'a sauté dessus pour que je lui trouve sa chemise du jour qu'il avait paumée, du coup j'ai dû lui en sortir un double de toute urgence. Pourquoi ?

– Regarde. »

Sophie me tend nerveusement l'édition du jour du *Parisien*, à la page politique. Le titre est éloquent : « À quoi sert le ministère de la Construction et des Énergies ? » En caractères gras, il barre toute la page et saute littéralement au visage. Une vraie claque.

« Oui, quand même. »

Je ne trouve rien d'autre à dire.

« Ouais, c'est branle-bas de combat ! Un truc comme ça, ça pardonne pas. » Les yeux de Sophie lancent des éclairs. « Il va falloir qu'on réagisse, et vite. »

Une porte claque. Paul vient de sortir de son bureau. Il nous passe devant sans dire un mot. Nous lui emboîtons le pas sans chercher à engager la conversation. Nous craignons trop une de ses répliques cinglantes et blessantes dont il a le secret quand il est de mauvais poil. Michel et son adjoint se lèvent comme un seul homme à son arrivée. Michel a lu la presse dans sa voiture sur le chemin du ministère. Il s'attend à une réunion houleuse. Dans ces cas-là, le dircab est le premier à en prendre pour son grade. Cela ne le choque pas plus que ça d'ailleurs. C'est son rôle d'assumer les erreurs éventuelles et d'impulser une dynamique au cabinet. Il estime qu'il a une obligation de résultat et que le ministre est en droit de lui demander des comptes. Même quand il n'y est pas pour grand-chose…

Paul s'installe en face de Michel et de son adjoint. Sophie et moi, nous nous asseyons à sa droite et à sa gauche. J'ai pris soin de sortir un exemplaire et de faire des photocopies de la dernière version de l'agenda de la semaine. Je le distribue à chacun des participants. Personne ne se serait risqué à prendre la parole. Il s'écoule plusieurs secondes avant que Paul n'intervienne.

Il commence d'une voix sourde :

« Nous n'avons pas été bons. Vous, moi, nous n'avons pas été bons. Cet article est mensonger et orienté mais il est là. J'ai accepté ce poste parce qu'il recouvrait des enjeux considérables. La réalité, c'est que nous n'avons pas imprimé notre marque. Nous nous sommes laissés engluer dans la gestion quotidienne, nous avons été des bons petits soldats mais, résultat, nous n'existons pas. » Il parle, comme à lui-même. « Si nous faisons de la politique, c'est pour tenter de régler un problème ou au moins d'influer sur le cours des événements. Cet article n'a pas tort. Qu'est-ce que nous avons fait concrètement ? » dit-il d'une voix glaciale.

Il marque un long silence. La gêne est palpable autour de la table. Paul semble plus profondément ébranlé qu'on aurait pu le penser. Michel se lance.

« Monsieur le ministre, ne nous voilons pas la face, cet article n'est pas un bon article et si nous ne réagissons pas il nous fera plus de tort encore. »

Sophie est stupéfiée par la sincérité du directeur. Elle s'attendait à ce qu'il ouvre le parapluie, trouve mille excuses ou justifications comme elle l'avait déjà tant fois vu. Paul semble lui aussi un peu désarçonné. Sophie, qui le connaît par cœur, était certaine qu'il avait anticipé une réponse un peu lâche de son directeur et qu'il s'était conditionné pour lui rentrer dedans. Il se trouve pris de court.

« Poursuivez, se contente-t-il de dire d'une voix dure. »

Michel continue, calme et ferme :

« Que l'on soit d'accord ou pas avec cet article, qu'il soit mal intentionné ou pas, s'il a été écrit et jugé crédible par la rédaction, c'est qu'il correspond à une réalité ressentie. »

Décidément, Sophie n'en croit pas ses oreilles. Un fonctionnaire est tout simplement en train de lui piquer son discours.

« On ne va pas refaire l'histoire, poursuit le directeur. Il faut que nous fassions, et c'est le travail de vos collaborateurs, monsieur le ministre, le point sur ce que nous avons fait et pas fait depuis un mois. À l'évidence, il faut que nous accélérions la cadence sur les procédures que nous avons mises en place afin qu'elles soient lisibles par le grand public plus rapidement. Mais tout cela prend un peu de temps. »

Il vient de prononcer la phrase à proscrire : « Cela prend un peu de temps. » Alors que Michel a jusque-là commis un sans-faute et est parvenu à contenir la rage de Paul, le seul fait de demander un peu de temps supplémentaire le fait exploser.

« C'est justement ça, le problème. Le temps ! éructe Paul. Vous savez quoi, Michel ? Le temps, quand on fait de la politique comme moi, c'est précisément ce qu'on n'a pas. Nous sommes dans l'exigence de l'instantané, de l'immédiateté. On attend de nous que nous révolutionnions les codes, renversions la table et apportions des solutions prêtes à l'emploi. Sinon, nous ne sommes que des bons à rien profitant du système et de ses privilèges. »

Ces mots claquent dans le silence de la pièce. Ils sont lourds de sens. À l'évidence, ils sortent des tripes. Le directeur adjoint et moi-même regardons nos chaussures. À l'inverse, Sophie est piquée au vif, mais l'expérience rentrant, elle attend que Michel reprenne la main pour éviter de se prendre une salve de remontrances, pour ne pas dire une engueulade.

« Vous avez raison, monsieur le ministre. À force de trop vouloir bien faire, ou en tout cas dans les formes, nous avons probablement perdu du temps et ne nous sommes pas imposés comme nous aurions pu ou dû le faire. Mais ce qui est fait est fait. »

« Ce mec est quand même couillu », pense presque tout haut Sophie.

« Il est encore largement temps de réagir. Après tout, et ce n'est pas une excuse, c'est une réalité, nous ne sommes là que depuis un mois. N'importe qui, y compris Mme Mouche-à-Bœuf, peut comprendre que la révolution ne se fait pas en un mois. Ou alors c'est une imposture et d'ailleurs c'est ce qu'il faudra dire. En revanche, l'alerte est sérieuse. Il faut donc que nous la traitions sérieusement et que nous élaborions un plan de bataille pour démonter point par point cet article. L'idéal serait même que nous fassions de cette difficulté une rampe de lancement. Certes, ce n'est pas agréable, mais nous sommes sous le feu des médias. Si nous la jouons subtilement, nous pouvons en profiter pour demander des moyens supplémentaires et contraindre Matignon et Bercy de vous soutenir davantage. »

Paul écoute. Il est difficile de savoir s'il entend le discours de son directeur de cabinet et s'en imprègne ou si au contraire il est livré à ses pensées et ressasse l'article en question. Sophie, elle, est électrisée. Elle fait totalement siens les propos du dircab, même si, il faut l'avouer, cela l'agace profondément. Un directeur de cabinet qui porte un jugement et donne des conseils sur un article de presse, on aura tout vu. Mais Sophie, au-delà de ses emportements et de sa jalousie maladive, est une femme d'action. Et elle doit le reconnaître, l'analyse de Michel est subtile et juste. Il faut maintenant la concrétiser afin que Paul, et eux tous à travers lui, puissent prendre leur revanche.

Le silence s'installe à nouveau. Si Michel revendique le sens des responsabilités, il n'a pour autant pas l'âme d'un kamikaze. Or, il se rend bien compte qu'il en a déjà beaucoup dit et qu'une phrase de plus peut déclencher les foudres de Paul. Sophie, à l'inverse, trépigne et veut mettre son grain de sel, mais son instinct de survie lui commande également de ne pas précipiter les choses. Quant à moi et au directeur adjoint, nous sommes transparents.

C'est le moment que choisit Julien, l'intendant, pour passer la tête dans l'entrebâillement de la porte et demander si nous souhaitons du café. Il comprend tout de suite que le moment est mal choisi et s'en retourne. Mais son intervention a le mérite de sortir Paul de sa torpeur. Avant même de prononcer le moindre mot, il attrape tous les exemplaires de son agenda que j'avais pris soin de distribuer et les déchire un à un. Puis, fixant chacun des conseillers, tour à tour, et détachant distinctement chaque mot, décrète qu'il faut tout recommencer à zéro.

La tension est tellement montée que nous avons l'impression de faire en temps réel un véritable exercice de catharsis collective. Il n'en faut pas plus pour soulager Sophie qui piaffe d'envie depuis un bon moment de livrer son analyse et sa vérité. Michel, au passage, même s'il a appris à se méfier de l'impétuosité de la conseillère com, n'est pas mécontent de voir quelqu'un d'autre que lui monter sur le ring.

Derrière son caractère turbulent, ses réactions sans gêne et parfois exagérées et son culot à toute épreuve qui peut en déstabiliser plus d'un, Sophie a une vraie finesse d'analyse et connaît le monde de la presse comme personne. Son impatience a comme avantage qu'elle ressasse rarement les choses. Si elle doit considérer le passé, c'est pour mieux l'analyser et en tirer des conclusions pour l'avenir. Paul n'attend rien d'autre d'elle à cet instant précis, lui qui ne veut pas l'avouer mais qui vient de se prendre un véritable uppercut à l'estomac. Il est encore sous le choc. Ses émotions personnelles l'empêchent de bâtir un raisonnement rationnel.

Sophie prend les choses en main. Elle étale l'article du journal au milieu de la table.

« Nous devons décortiquer cet article en nous posant les bonnes questions. D'abord, la question la plus classique : à qui profite le crime ? Ensuite, j'ai relevé tous les arguments et faits qui sont supposés étayer leur thèse. En résumé et dans le désordre, il nous est reproché de ne pas assez nous déplacer, d'être étouffés par le ministère des Finances, de ne pas avoir de vrais relais au Parlement ni une réelle autorité sur les différentes administrations. Enfin, le journaliste pointe du doigt que, hormis quelques mesures cosmétiques, nous ne sommes pas porteurs de réformes structurelles.

– C'est qui, ce connard de journaliste ? Tu le connais ? La moindre des choses, s'il avait un peu de professionnalisme et de déontologie, aurait été de nous demander notre son de cloche. Il a cherché à te joindre ?

– À aucun moment.

– C'est vraiment dingue. On nous cloue au pilori parce qu'un connard a eu envie de faire parler de lui avec une polémique montée de toutes pièces.

– Peut-être, mais si l'article a été publié c'est qu'il correspond à une idée plus ou moins ambiante. Si cela ne correspondait à rien, ils ne l'auraient pas sorti. À nous de le transformer en opportunité.

– Je te trouve bien optimiste.

– C'est sûr, c'est le genre d'article dont on se passerait bien. Mais nous venons d'arriver, nous avons donc des arguments pour nous défendre. L'autre côté positif, c'est que l'article est assez détaillé. En fait, il nous donne tout simplement le mode d'emploi pour devenir un ministère en pointe. À nous de prendre des initiatives dans chacun des domaines supposés être nos points de faiblesse et de les médiatiser, évidemment. »

Pour la première fois, je prends la parole :

« Si je t'ai bien écoutée, nous pouvons en identifier au moins quatre : notre manque d'affirmation vis-à-vis du ministre d'État ; une visibilité insuffisante (déplacements, points presse) ; pas de véritable poids politique (Parlement et parti) ; pas de vraies réformes à venir.

– Un vrai réquisitoire à vous donner le bourdon, lance Paul.

– Peut-être, enchaîne Sophie, mais, avec ces quatre points, nous avons notre feuille de route pour les mois à venir.

– Tu disais qu'il fallait aussi se demander à qui profitait le crime. Tu as une idée ?

– En fait, à tout le monde, c'est bien ça le problème. Tous les membres du gouvernement se jalousent les uns les autres. Voir l'un d'eux dans la tourmente est une bonne nouvelle, non seulement parce que cela sous-entend qu'eux sont meilleurs, mais aussi parce que ça les rassure de ne pas être dans le viseur.

– Ça ne nous avance pas beaucoup. Tu n'aurais pas une idée plus précise ?

– À mon avis, il faut chercher vers celui ou ceux pour qui notre ministère est un concurrent direct. Soit parce qu'on leur a piqué une administration et un pan de compétences, soit parce que certains veulent se payer politiquement Paul. » Elle continue : « J'aurais plutôt tendance à pencher vers le ministère du Développement durable. On leur a piqué pas mal d'administrations et on a mis un coup d'arrêt à la mode du “ grand ministère transversal tout puissant ”. Je vais aller creuser par là. De toute façon, je vais essayer d'en savoir plus auprès de ce journaliste.

– Bon, reprend Paul. On ne va pas épiloguer. Sophie a raison, il faut leur répondre, point par point. Michel, je veux que vous secouiez le cabinet. On a probablement été trop gentils. Maintenant, je veux un cabinet commando, qui prenne des risques, qui n'ait pas peur des coups et qui soit imaginatif. Certains veulent du sport, eh bien, ils vont en avoir. Vous avez deux jours pour me bâtir un plan de bataille. »

Michel convoque tous les conseillers, un à un, dans son bureau. L'objectif est de faire un bilan de leur action, chacun dans leur domaine. Le climat a changé. Désormais, on leur tire dessus à balles réelles. À chacun d'entre eux de prouver qu'il n'a pas usurpé sa place et de se montrer à la hauteur des ambitions du ministre et de ce ministère. Tel est le message que Michel leur délivre.

Depuis quarante-huit heures, ce n'est plus le même décor. La rumeur de la colère ministérielle s'est répandue dans le cabinet comme une traînée de poudre. Un climat de tension n'ayant pas son pareil pour faire tomber les masques. En l'espace de quelques heures, le cocon s'est transformé en terrain de jeu pour conseillers en mal d'influence, soit pour se protéger, soit pour en profiter pour grimper les échelons et se faire remarquer par le ministre.

Face à cette nouvelle donne, le cabinet se scinde en deux. Les ambitieux d'un côté, les peureux de l'autre. Les premiers se repèrent à l'allure empreinte de gravité qu'ils se donnent. J'ai même cru remarquer que certains commencent à s'habiller différemment. Costume plus strict, plus sombre, plus sévère. Leur façon de parler aussi a évolué. Plus ampoulée, moins spontanée. Les horaires changent également. Il n'est plus rare de voir déposés devant la porte des bureaux des plateaux-repas pour le dîner.

C'est désormais à celui qui arrivera le plus tôt le matin et partira le plus tard le soir. L'idée étant que cela se sache, évidemment. Pour cela, différentes techniques ont prouvé leur efficacité. Outre la veste laissée sur le dos du fauteuil, il y a les mails envoyés à des heures indues, les notes laissées tardivement sur le bureau du directeur ou du chef de cabinet avec une annotation manuscrite ou encore les SMS à toute heure du jour et de la nuit, week-end compris, pour donner une information ou suggérer une idée.

Malgré leur ambition, les conseillers techniques avisés ne se risquent pas à tenter de se faire mousser directement auprès du ministre. Trop dangereux et sans filet. La plupart d'entre eux pratiquent la technique de « l'approche de sioux », c'est-à-dire la technique de l'encerclement. À défaut d'avoir accès au ministre directement, certains ont bien repéré que, Sophie et moi, nous avons son oreille. Nous devenons donc l'objet de toutes les attentions. Une invitation à déjeuner par ci, un café par là, une suggestion, un conseil. En espérant que nous remplirons notre mission de « passeur » auprès du boss et que nous aurons un mot bienveillant à leur égard.

De l'autre côté se claquemurent les conseillers techniques peureux. Presque aussi nombreux. En période de tension, ils ont une fâcheuse tendance à presque disparaître et à ne plus sortir de leur bureau. Le nez dans leurs dossiers ou sur leur écran d'ordinateur. Au moins, là, ils ne risquent pas de prendre une balle perdue. On ne les entend plus non plus. Pas de prise de parole sans y être invité, le tout d'une voix timide et mal assurée. Ne jamais contredire le patron. Telle est la règle. À l'inverse des conseillers ambitieux, les conseillers peureux ont pour seul interlocuteur le directeur de cabinet. Leur patron direct et un peu leur papa, issu de l'administration, comme eux. Car le ministre n'est pas éternel, leur administration oui. La limite de l'exercice se trouve d'ailleurs là également pour les conseillers ambitieux. Les uns comme les autres sont pour la plupart jeunes. C'est une caractéristique des cabinets ministériels français. Des ministres d'un certain âge et des conseillers très jeunes. La moyenne d'âge tourne souvent autour de trente-huit ans. Si les conseillers acceptent de quitter leur administration quelques mois, c'est qu'un passage en cabinet ministériel peut rapporter gros en termes de carrière et s'avérer un tremplin exceptionnel. À condition de garder de bonnes relations avec le corps d'origine…

Deux jours après ce funeste lundi se tient la traditionnelle réunion de cabinet. Tout le monde s'y retrouve au grand complet, secrétariat particulier du ministre inclus. La réunion de cabinet est un rituel dans tous les ministères. Toutes se tiennent le même jour, à la même heure. Le mercredi matin de 10 heures à 11 heures, pendant le Conseil des ministres. Bien que plus formelle compte tenu du nombre de participants, elle est souvent plus décontractée en raison de l'absence du ministre. Les peureux se montrent moins peureux, les ambitieux n'en font pas trop, les échanges sont plus directs et naturels.

Ce mercredi, néanmoins, au ministère de la Construction et des Énergies, la tension est palpable. Chacun doit remettre sa copie, comme autant de pierres à l'édifice exigé par le ministre. Michel a validé ou supervisé les copies les plus techniques, mais chaque proposition doit maintenant s'intégrer dans un plan d'ensemble que nous orchestrerons avec Sophie sur un plan politique et médiatique. Au-delà des propositions, il faut également bâtir un planning cohérent et stratégique.

La réunion dure près de deux heures, fait exceptionnel. Michel accorde la parole à tous les conseillers, à tour de rôle. Il revient à chacun de présenter une mesure innovante dans son secteur de compétence. Une fois la mesure présentée, la faisabilité technique et juridique validée par Michel, je réfléchis avec Sophie à la manière de la mettre en scène : déplacements, réunions de professionnels médiatisées, conférences de presse.

À la fin de la réunion, nous avons dans notre besace une vingtaine d'idées immédiatement exploitables, une série de mesures plus ambitieuses qui nécessite une traduction législative (tout ministre qui se respecte doit avoir une loi qui porte son nom) et un squelette d'agenda pour les six prochains mois. Le plan de bataille est prêt, les munitions en passe d'être réunies. Il n'y a plus qu'à appuyer sur le bouton. La réunion est sur le point de s'achever quand Paul fait irruption dans la salle des Marbres. Tous les conseillers se lèvent comme un seul homme. Paul y prête à peine attention et me demande dans la foulée d'organiser un rendez-vous dans les plus brefs délais avec le ministre d'État.

Le premier coup vient de partir.

II

UNE HISTOIRE IMPOSSIBLE

Si les histoires d'amour finissent toujours mal, dit-on, les histoires entre un secrétaire d'État et son ministre de tutelle sont tout bonnement impossibles.

À la question « à qui profite le crime ? », une hypothèse n'a pas été officiellement envisagée, même si elle a effleuré l'esprit de Paul : cet article aurait été commandé, voire quasi rédigé par le cabinet du ministre d'État lui-même afin de rappeler que Paul et son ministère n'existent qu'à travers eux. C'est une pratique relativement courante. La relation entre un ministre plein et son ou ses ministres délégués ne peut qu'être complexe. Si le nombre de secrétaires d'État ou de ministres délégués rattachés à un ministre contribue à entretenir le symbole et le mythe de sa puissance, le revers de la médaille est qu'à peu près tous les ministres de pleine autorité vivent ces nominations annexes comme des boulets. À l'inverse, les « sous-ministres » se sentent étouffés, impuissants et, pour tout dire, inutiles. Tel le stagiaire dans une entreprise qui tente de se faire remarquer tandis que son maître de stage lui donne des cacahuètes pour qu'il s'occupe et ne vienne pas trop l'enquiquiner.

Si le ministre d'État s'est comporté comme un père protecteur au moment de sa nomination et s'il s'est investi bien au-delà de ce qu'on était en droit d'attendre de lui pour trouver une solution à la situation matérielle du ministère de Paul, ce n'est évidemment pas gratuit. L'objectif est de rendre Paul débiteur. Pire, de le rendre dépendant. Mais l'erreur que commettent beaucoup de ministres de tutelle est soit de tenir la bride trop courte avec pour réaction de créer une rébellion, soit au contraire de mépriser son secrétaire d'État au point de le laisser faire un peu tout ce que bon lui semble. Dans les deux cas, cela finit toujours mal.

Nous ne faisons pas exception. Après la séance de paternalisme digne du papa qui installe son fils dans son nouveau logement étudiant, le ton a rapidement changé. Si le ministre d'État semble mépriser Paul, au point de feindre de ne même pas le voir dans la cour de l'Élysée, ses conseillers exercent un véritable diktat sur nous. J'en ai été l'une des premières victimes.

D'abord lorsqu'il a fallu négocier le budget du ministère. Face à mon homologue de Bercy et au secrétaire général, j'ai dû justifier la moindre demande. Il a fallu que je me batte pour obtenir le minimum nécessaire à l'organisation des déplacements et que je me contente de deux équipes de chauffeurs en tout et pour tout pour l'ensemble du cabinet (hormis les chauffeurs du ministre). J'ai même dû expliquer en quoi j'avais besoin de papier à en-tête du ministère. Sans parler du nombre de conseillers qu'il a fallu négocier pied à pied, le cabinet du ministre d'État estimant que Paul n'avait qu'à faire sous-traiter ses dossiers par les collaborateurs du même ministre d'État. En l'espèce, le terme est très bien choisi. Le sommet a été atteint quand le chef de cabinet du ministre d'État a exigé que je lui envoie toutes les semaines l'agenda de Paul.

Sophie, de son côté, n'a officiellement aucune marge de manœuvre en ce qui concerne la communication. Toutes les prises de parole médiatiques ou interventions publiques de Paul doivent être soumises à autorisation du cabinet du ministre d'État. Il s'agit même d'un double contrôle. Le premier sur l'opportunité, le deuxième sur le message et le contenu de l'interview qui doit être relu et validé. Le deuxième contrôle est d'ailleurs souvent un moyen de faire capoter l'initiative médiatique, la validation intervenant comme par hasard dans des délais bien trop tardifs. Mais sur le plan de la communication, il y a des méthodes bien plus sournoises qui consistent, en *off*, à systématiquement dénigrer l'action du ministre délégué ou à créer artificiellement des situations de conflit pour mieux ensuite faire avaler son chapeau au subordonné.

La vérité est que ces basses œuvres sont souvent le fait des conseillers eux-mêmes. Le ministre n'est la plupart du temps pas au courant et, quand il l'est, il se contente de laisser faire. Ses conseillers, eux, ont besoin d'asseoir leur puissance et se sentent d'autant plus importants qu'ils peuvent tyranniser ou piéger leurs collègues jugés inférieurs.

Au-delà de ces réflexes dignes d'une cour de récréation, ces comportements peuvent créer de véritables dysfonctionnements. Partant du principe qu'une idée qui ne provient pas du ministère de tutelle est soit mauvaise, soit dangereuse, donc à combattre, des réformes importantes sont bloquées. Il suffit de faire traîner la signature des décrets qui demandent la signature du ministre de tutelle. Des ministres ont même pu pour ainsi dire se déclarer la guerre sur des questions qui ont été montées en épingle par leurs conseillers respectifs, les uns et les autres sachant comment remonter leur patron comme une pendule. La chose est, il faut le dire, relativement aisée. Généralement, il suffit d'un coup de téléphone où les ministres se parlent directement pour que les choses rentrent illico dans l'ordre.

Cette mise sous tutelle se fait ressentir jusque dans les couloirs du Parlement où le secrétaire d'État n'est que l'ombre du ministre de pleine autorité. La plupart des questions au Gouvernement auxquelles il répond sont en fait des questions adressées au ministre de tutelle. Ce dernier n'y répond pas soit parce qu'il a mieux à faire et n'est même pas là, soit parce qu'il estime que ce n'est pas de son niveau. Cette emprise est tellement forte que la jeune conseillère parlementaire de Paul, à chaque fois, a l'impression d'avoir arraché une victoire quand son homologue au cabinet du ministre d'État lui donne une question en guise de sucette.

Le ministre délégué est donc condamné à se soumettre et à jouer les doublures ou à tenter de se rebeller, par petites touches et à ses risques et périls.

Même si ce n'est pas l'explication la plus probable de cet article, Paul ne peut pas s'enlever de la tête qu'il s'agit peut-être d'un message, voire d'une menace du ministre d'État ou de son cabinet. Il faut qu'il en ait le cœur net. Depuis sa nomination, il n'a eu que de brefs échanges avec lui et nul n'a jamais organisé l'entrevue pourtant promise afin d'arrêter la feuille de route de Paul. Sans parler de l'idée émise d'une réunion hebdomadaire pour coordonner leurs actions. Encore une idée mort-née.

S'il y a un malentendu, il faut le lever avant que cela ne dégénère. Et si l'article ne vient pas de chez lui, l'objectif de Paul est de le mouiller en lui démontrant qu'à travers lui c'est bien le ministre d'État qui est visé. Il fait ainsi d'une pierre deux coups : contre-attaquer et assurer son patron de sa fidélité.

Afin de montrer l'importance et l'urgence qu'il souhaite donner à cet entretien, il ne demande pas, comme c'est l'habitude, à sa secrétaire particulière d'appeler pour prendre rendez-vous. Il appelle lui-même le directeur de cabinet du ministre d'État. Ce dernier se montre très ouvert. Une heure plus tard, la rencontre est fixée au lendemain, 10 heures.

Paul, Michel, Sophie et moi-même nous réunissons spécialement pour préparer l'entrevue dont dépend l'issue de cette péripétie. Soit Paul en sort plus fort car visible et (re)légitimé, soit il entamera une longue traversée du désert qui exigera de lui et de son cabinet beaucoup d'efforts pour se refaire une santé. L'enjeu est majeur. Nous tombons d'accord pour que Paul fasse profil bas, sans pour autant courber l'échine. Les grands fauves de la politique détestent les faibles et n'en font qu'une bouchée. En même temps, ils aiment être flattés et sentir que l'on a besoin d'eux. Il faut donc que Paul se montre combatif et volontaire, coopératif et discipliné.

Nous adhérons tous à l'angle choisi par Paul, à savoir que l'attaquer revient à attaquer le ministre d'État. L'enjeu pour Paul est ensuite de se montrer suffisamment ferme et convaincant pour exiger de son ministre de tutelle un acte fort permettant de le remettre en selle. Le meilleur moyen d'y arriver est d'avoir une idée en tête et de la lui soumettre de but en blanc. Nous balayons un certain nombre de propositions comme un déplacement commun. Cette solution, séduisante sur le papier, est en fait une fausse bonne idée car elle met trop Paul en situation de subordonné. L'initiative à prendre doit apparaître comme un renfort et non comme une reprise en main.

Sophie émet alors l'idée d'une conférence de presse commune, solennelle, à Bercy, là même où s'était déroulée la passation de pouvoirs. Cette idée a l'avantage de donner une visibilité maximale à Paul et d'afficher sa proximité avec le ministre d'État. C'est ensuite l'occasion de valider et de présenter le programme de travail du ministère qui non seulement répond à l'article mais donne à Paul et à son portefeuille une crédibilité sur le fond et dans la durée. Enfin, cela ne peut avoir que des avantages pour le ministre d'État qui pourra se prévaloir d'un gros travail de prospective. Cette capacité à se projeter, rare dans les ministères qui gèrent essentiellement les crises ou pseudo-crises au quotidien, contribuera à lui donner l'image d'un ministre au-dessus du lot, capable de recul, de réflexion et de vision pour l'avenir du pays.

Ça colle parfaitement.

L'entretien se passe exactement comme Paul l'a imaginé. Il savait qu'il aurait du mal à en placer une. Il a donc pris le parti de se réserver pour la fin et de laisser le ministre d'État faire son show. Ce dernier se montre à la hauteur de ses attentes. Un flot continu de paroles et de conseils, précédé d'une critique sévère de « ces fainéants de journalistes qui n'y connaissent rien » ponctue l'entretien. Le ministre d'État est clairement en mode séduction. Paul lit bien son jeu, celui de la dette affective. En échange d'une fidélité totale. Cela tombe bien, c'est exactement ce pour quoi Paul est venu.

Paul laisse le show se dérouler pendant une vingtaine de minutes. Lorsqu'il sent le rythme baisser, il saisit le premier temps mort.

« François, à l'évidence, ce n'est pas moi qui compte dans cette affaire qui me dépasse largement. Cet article est une attaque en règle sur la cohérence du Gouvernement et plus spécifiquement sur celle de Bercy. Et Bercy, c'est toi. Il faut donc que nous envoyions un signe fort à l'adresse de tes ennemis. Un signe qui montre que tu n'es pas dupe, que tu es plus déterminé que jamais et, surtout, un signe qui te permet de reprendre l'initiative et de continuer d'avoir un coup d'avance. »

Paul a su capter son attention.

« Continue.

– Je pense qu'il faut que d'ici à la fin de la semaine, nous organisions une conférence de presse commune, à Bercy. Il ne faut pas qu'elle se fasse trop vite au risque d'apparaître comme une stratégie de défense et en même temps pas trop tard pour qu'elle ait un écho médiatique puissant. Elle sera l'occasion d'affirmer avec force et solennité ton leadership.

– Ça, OK, mais une conférence de presse, c'est pour dire un truc, pas pour jouer les pingouins.

– Justement. Je ne te cache pas que j'ai quand même été piqué au vif par cet article. Dans la foulée, j'ai donc secoué mon cabinet et leur ai demandé de me pondre un plan de bataille pour les six mois à venir. Ce plan de bataille est prêt. Je pense que cette conférence de presse doit être l'occasion de prendre tout le monde par surprise et de montrer une ligne politique claire ainsi qu'une vision à plus long terme. Il y en a plus d'un qui va être défrisé, à commencer par le Premier ministre…

– T'as oublié d'être con, toi. Méfie-toi, on a souvent peur des gens trop futés, dit-il avec un petit sourire en coin. Il me plaît bien, ton plan ! Je vais demander à mon directeur de cabinet de voir avec le tien pour la mise en musique. »

Il se lève, raccompagne Paul à la porte de son bureau et tout en lui serrant la main lui lance : « Bienvenu dans la fosse aux lions. »

Le lundi suivant, une centaine de journalistes politiques et économiques s'accréditent auprès du service com de Bercy. Le mardi, *Le Parisien* titre en une : « Bercy à l'initiative », avec une immense photo de Paul et de son ministre de tutelle en pleine conférence de presse.

III

DU TERRAIN OU DU TERRAIN ?

Un ministre, ça se déplace. Qu'on se le dise. Toujours suspect d'être prisonnier des courtisans et des dorures des palais de la République, tout ministre doit se plier à la figure imposée du terrain. Un ministre qui se déplace est forcément un ministre plus proche du peuple. En tout cas, c'est le principe. Ainsi, qu'il s'agisse d'illustrer une nouvelle politique développée par le ministère, de répondre à une invitation à un congrès de professionnels ou de se rendre sur le lieu d'un incident, le déplacement est le symbole du ministre réactif qui va à la rencontre des Français.

Cet élément de la panoplie de ministre est d'ailleurs tellement ancré dans les codes gouvernementaux qu'une compétition est savamment entretenue par l'Élysée et Matignon sur le nombre de déplacements effectués par chacun des ministres. Comme autant de trophées, certains ministres, ou leurs conseillers, vous brandissent à la figure le nombre de déplacements qu'ils effectuent par semaine, par mois, par an. Attention, si vous faites moins de trois déplacements par semaine, vous risquez d'être taxé d'immobilisme...

C'est ce qui est plus ou moins reproché à Paul dans le fameux article du *Parisien*. Un ministre qui ne se déplace pas assez ne peut pas être un bon ministre. Conscient de cette lacune, il a demandé à ses conseillers de lui sortir toutes les idées, inaugurations, visites d'usine susceptibles d'être l'objet d'un déplacement, quitte à broder autour. Pour son premier déplacement depuis l'article, il veut frapper un grand coup. Il faut que ce soit visuel, en plein dans son champ de compétences, et avec une annonce forte.

En réunion, les conseillers se livrent à un vrai catalogue. Une liste à la Prévert. Mais la plupart des suggestions ne conviennent ni à moi qui ai en charge l'organisation logistique, ni à Sophie qui trouve les sujets trop techniques et peu parlants pour les médias. À défaut d'avoir un événement, il faut en créer un. Pour intéresser la presse, Sophie harcèle les conseillers et Michel en particulier sur les sujets susceptibles de susciter une polémique. Exactement ce qu'eux, au contraire, fuyaient à grandes enjambées.

Michel émet une idée, en priant le ciel qu'il ne le regrette pas. L'Autorité de sûreté nucléaire doit effectuer prochainement une visite de contrôle annuelle de la centrale nucléaire du Tricastin. La visite d'un tel site est toujours spectaculaire. Par ailleurs, le débat sur la place du nucléaire en France et le bouquet énergétique ont été au cœur de la campagne présidentielle. Surtout à la suite d'une série d'incidents, certes mineurs mais toujours très inquiétants, la polémique est montée sur la vétusté et la sécurité de certaines centrales.

« On est sur la bonne voie ! s'écrie Sophie. Des images, une histoire à raconter, c'est parfait. Ma seule crainte, c'est que du coup la tonalité soit toujours un peu négative ou sur la défensive. On n'aurait pas une annonce forte sur le sujet ? Je sais pas moi, un projet, un contrat, ou un truc dans le genre. »

C'est alors que le directeur de cabinet adjoint émet d'une petite voix à peine audible :

« Il y a l'annonce du lancement de l'EPR à Flamanville. C'est la construction d'une centrale avec un réacteur nucléaire d'une nouvelle génération. C'est un investissement d'environ 8 milliards d'euros. Environ 4 000 emplois devraient être créés dans la région.

– C'est ça ! C'est exactement ça qu'il nous faut ! Banco ! jubile Sophie.

– Il y a juste un petit hic, interrompt Michel. C'est un sujet qui relève du Premier ministre. C'est lui qui signe le décret de création d'installation nucléaire. En faisant cette annonce, on lui grille carrément la politesse.

– Eh bien, justement. On voulait de la visibilité, c'est le meilleur moyen d'en avoir.

– À condition de rester en poste, murmure Michel. »

Je comprends les inquiétudes de Michel. Je propose donc que Paul et le ministère se fassent couvrir par le ministre d'État.

« C'est quoi son intérêt, à lui ? demande Sophie.

– Je suis certaine que s'il a l'occasion de donner un petit coup de griffe au PM, il ne dira pas non. Et il pourra toujours dire que ce n'était pas lui. Il faut juste se garantir auprès de lui que si ça tangue trop il nous soutiendra. »

Michel et son adjoint sont en train de se liquéfier sur place. Michel imagine déjà la soufflante qu'il va prendre du directeur de cabinet du Premier ministre.

« Et tu ne crois pas que justement à Bercy ils vont essayer de nous piquer l'annonce ? Un truc pareil, ça se rate pas ! continue Sophie.

– C'est un pari, ça c'est sûr, mais je ne pense pas qu'ils veuillent provoquer le PM frontalement. C'est pour ça que je pense même qu'on leur rend service. Et c'est comme ça qu'il faut le présenter. » Je lui réponds avec une voix déterminée comme jamais.

J'ai vu juste. L'idée de déplacement ainsi que le message qui sera délivré à cette occasion sont validés tous les deux par le ministre d'État et son cabinet.

Une fois le principe et la thématique du déplacement arrêtés, il faut maintenant l'organiser. Chacun sait exactement ce qu'il a à faire. Michel et les conseillers préparent toutes les fiches techniques sur la centrale du Tricastin et sur l'EPR de Flamanville. Rien ne doit leur échapper, ni un chiffre, ni une statistique, ni une règle d'urbanisme, encore moins le calendrier. Le ministre doit posséder le maximum de données. Car une fois dans le grand bain, il n'aura pas de filet, à part son dossier. Un gros travail de remontée des informations depuis les administrations déconcentrées mais également depuis l'entreprise gestionnaire est nécessaire. Le tout avec un maximum de discrétion. Mais comme la discrétion est loin d'être garantie, consigne a été donnée de masquer jusqu'au dernier moment le fait que le ministre évoquera le projet de Flamanville.

Le gros de l'organisation pèse sur mes épaules en tant que chef de cabinet. J'appelle le préfet de la Drôme, département dans lequel se trouve la centrale du Tricastin, pour l'informer de la venue du ministre, de la date retenue et de son objet. Paul a souhaité que ce déplacement ne soit pas un déplacement éclair. Il ne veut pas se contenter d'une petite visite et puis s'en va. Il m'a demandé de bloquer la journée complète sur son agenda et de bâtir, en parallèle de la visite de la centrale, une rencontre avec les parlementaires, une réunion avec les responsables de la fédération française du bâtiment de la Drôme et une réunion publique avec les militants du parti dans le département.

Les conseillers techniques prennent de leur côté les contacts directs avec l'entreprise AREVA, gestionnaire de la centrale sur le déroulé et l'accueil de la visite. Contacts qui seront doublonnés par la préfecture afin de vérifier la faisabilité technique du déplacement. Les délais étant très courts, je n'ai pas le temps de faire une visite préparatoire. Il est donc important que la préfecture s'assure que tout roule en amont.

J'ai également besoin d'elle afin qu'elle prenne les contacts nécessaires et préorganise la réunion avec les professionnels du bâtiment (invitation, lieu, horaires). De même pour la rencontre avec les parlementaires. S'agissant de la réunion militante, ce sera une partie hors déplacement officiel. Au cabinet de l'organiser.

Le montage s'annonce complexe. Le tout doit évidemment être compatible avec les horaires de TGV. La Drôme a au moins cet avantage d'être bien desservie. En ces temps de disette, pas question de prendre un avion, encore moins un appareil de l'ETEC (Escadron de transport, d'entraînement et de calibration, en fait les avions militaires mis à la disposition du Gouvernement). Tout cela est surveillé à la loupe, par le SGG comme par les médias.

Mon échange téléphonique avec le préfet est bref mais productif. Le préfet note toutes les demandes et les impératifs du cabinet, ne voit pas d'obstacles, du moins sur le plan de l'ordre public, et m'indique que je serai rappelée dans les prochaines heures par son directeur de cabinet pour poser les premiers éléments d'organisation. De mon côté, en lien avec Michel, je compose la délégation qui accompagnera le ministre, fais réserver les billets de train et commence à bâtir le squelette de déroulé idéal, en attendant le retour de la préfecture.

Dans l'après-midi, comme prévu, le directeur de cabinet du préfet me rappelle. Il parle vite mais semble débrouillard. À la différence de certains, il ne paraît pas avoir peur de son ombre et donne l'impression de bien comprendre les objectifs du déplacement en termes d'image rendue, ce qui simplifie sacrément la tâche.

Il me propose de commencer le déplacement par la visite d'un grand chantier de réhabilitation de l'Agence nationale de rénovation urbaine (ANRU) dans un quartier de Valence. Cette visite aura l'avantage d'illustrer la thématique dont le ministre sera ensuite amené à parler avec les professionnels du secteur. Je vois ça d'un bon œil, d'autant que, comme il s'agit d'un chantier qui bénéficie des crédits de la rénovation urbaine, cela donne un petit côté social au déplacement qui ne peut pas faire de mal.

Étape un validée. Le directeur propose ensuite d'organiser la réunion avec les représentants départementaux de la Fédération française du bâtiment (FFB) dans les locaux de la préfecture. Cela a le mérite de la facilité et les professionnels seront probablement flattés d'être invités en préfecture. Étape deux validée. Il enchaîne en suggérant que la rencontre avec tous les parlementaires du département se fasse sous la forme d'un déjeuner à la préfecture. Étape trois validée.

Le directeur de cabinet m'indique que la préfecture et le site du Tricastin sont distants d'une cinquantaine de kilomètres. Il conviendra donc de prévoir quarante-cinq minutes de trajet. Il suggère par ailleurs de prendre les billets de TGV de retour au départ d'Avignon et non de Valence. Je me note de faire changer la réservation du retour.

En ce qui concerne la visite de la centrale, il attend d'avoir davantage d'informations de la part du directeur du site. Mais selon lui, il faut bien compter deux heures sur place, conférence de presse incluse.

Je le remercie. Nous convenons de nous rappeler en fin de journée pour affiner la dernière étape.

Veille de déplacement. Tout est à peu près calé, y compris la visite de la centrale. J'ai donné un maximum de renseignements sur la composition de la délégation au point que j'ai eu parfois l'impression d'organiser le voyage d'une colonie de vacances. Je suis allée jusqu'à donner la pointure de Paul afin de lui fournir de bonnes chaussures ou à choisir le menu du déjeuner afin d'être sûre que cela plaise au ministre. Quant au directeur de la centrale, il m'a appelée directement afin de valider le parcours de la visite et les personnels avec lesquels le ministre souhaite échanger.

A priori, rien n'est laissé au hasard. Au ministère, les conseillers s'activent pour réunir les dernières notes, toutes soumises à validation et relecture de Michel avant d'être intégrées dans le dossier du ministre qui sera ensuite dupliqué en fonction du nombre de participants au déplacement.

Sophie, de son côté, a envoyé une information à toutes les rédactions. Elle a par ailleurs invité spécialement à suivre le ministre lors de ce déplacement deux journalistes. L'un du *Parisien* (au hasard), l'autre des *Échos*, sur l'aspect plus économique. Le service de presse de la préfecture quant à lui a fait partir un communiqué, validé par Sophie, à tous les correspondants locaux. Ils se sont par ailleurs accordés sur le moment et l'endroit pour faire la conférence de presse. Une salle a été spécialement réservée à cet effet dans l'enceinte de la centrale.

La conseillère parlementaire s'est assurée que tous les députés et sénateurs de la majorité seront bien présents au déjeuner, même s'il s'agit d'un déjeuner républicain. Elle en a profité pour interroger les uns et les autres sur le climat politique local, sur ce qui se dit dans leur circonscription et s'ils ont besoin d'un coup de pouce sur un dossier local en particulier. Toutes ces informations font ensuite l'objet d'une note au ministre.

Enfin, j'ai pris contact avec le secrétaire départemental du parti afin que les militants puissent rencontrer le ministre à l'issue du déplacement officiel. Cette partie n'est pas forcément la plus simple à organiser. Elle doit en effet être à distance raisonnable de la dernière étape, dans une salle choisie non pas par la préfecture mais par les responsables locaux du parti, le tout dans des délais extrêmement contraints. Le dernier TGV n'attendra pas et il est hors de question de dormir dans la Drôme.

Je pense que tout est sur les rails quand je reçois, vers 22 heures, un appel sur mon portable. Je reconnais tout de suite la provenance de l'appel : la Drôme. Pas bon signe. Au bout du fil, le directeur de cabinet du préfet.

« Bonsoir, madame le chef de cabinet, pardon de vous déranger à une heure tardive. Je souhaitais attirer votre attention sur un élément nouveau.

– Je vous écoute. Que se passe-t-il ? »

En l'espace de quelques secondes, j'ai tout imaginé : une fuite sur le discours de Paul à propos de l'EPR, une fuite tout court à la centrale…

« Nous nous sommes procuré un tract de la CGT qui appelle à manifester à votre arrivée. Il semblerait que le climat social soit relativement tendu depuis les derniers incidents. Leurs leaders demandent une audience avec le ministre. »

Je sais que ce type de manifestation et de demande est quasi systématique lors de la venue d'un ministre. Soit ces derniers se plient à leur demande, soit ils les font recevoir par un membre de la délégation. Paul estime de son devoir de leur consacrer quelques instants. Je me débrouillerai donc pour glisser cette séquence dans un déroulé déjà ultra-serré.

« Il y a autre chose, monsieur le directeur ?

– En fait, oui. Nous craignons que le climat soit très tendu à votre arrivée. En effet, la police s'attend à la confrontation de plusieurs manifestations différentes mais simultanées qui seront compliquées à maîtriser.

– Vous pensez à qui ?

– Outre les salariés syndiqués d'AREVA qui manifesteront pour la sauvegarde de leur emploi et la revalorisation de leurs salaires, on nous dit que Greenpeace envisagerait une action dont on ignore encore la forme qu'elle pourrait prendre.

– Pensez-vous que cela soit de nature à faire annuler le déplacement du ministre ? »

Je connais la réponse, mais je veux me l'entendre dire et je me dois de poser la question. Je suis par ailleurs consciente du rôle très inconfortable des préfectures dans le cadre des déplacements ministériels, sans parler des déplacements du président de la République. Ils doivent tout sécuriser et faire en sorte qu'aucun aléa ne puisse venir entacher le show, tout en se débrouillant pour qu'aucune mesure de sécurité ne soit visible afin de donner une impression de naturel. Pas gagné.

« Je ne pense pas. Mais pour votre information, monsieur le préfet a demandé la présence d'un escadron de gendarmes mobiles. Ils ne seront pas visibles mais seront positionnés à proximité de la centrale. AREVA a de son côté renforcé son dispositif de surveillance afin de limiter les risques d'intrusion.

– Merci, monsieur le directeur. Je pense que la situation est sous contrôle. J'en profite pour vous dire que je vous ai envoyé par mail les numéros de téléphone portable de toute la délégation. Je vous ai mis en haut de la liste celui de l'officier de sécurité qui sera auprès du ministre demain. Et vous pouvez compter sur moi, bien sûr.

– Très bien. Je vous souhaite une excellente soirée et vous dis donc à demain. Je serai ravi de faire votre connaissance.

– Plaisir partagé. À demain donc. »

7 h 30. Tous les membres de la délégation ministérielle sont à l'heure dite à la gare de Lyon. Y compris Paul qui n'est pas spécialement du matin. Je crois même déceler les restes de traces d'oreiller sur sa joue gauche et sa mine renfrognée laisse à penser qu'une partie de lui est encore sous la couette.

Sophie est déjà branchée sur cent mille volts. Juchée sur des talons de dix centimètres, une pile de journaux sous un bras, un gobelet de café dans la main, elle trouve le moyen d'envoyer des SMS avec ce qui lui reste de main libre. La communicante dans toute sa splendeur.

Même les journalistes sont à l'heure.

Telle la cheftaine scoute, je distribue son billet à chacun. Le quai vient de s'afficher. Nous ne perdons pas de temps et nous allons directement nous installer dans la voiture numéro trois. Nous sommes sept au total. J'ai pris soin de faire réserver deux carrés à proximité l'un de l'autre. D'emblée, Sophie insiste pour que les journalistes puissent discuter avec Paul durant le trajet. Je n'y suis pas favorable, du moins pas tout de suite. Je connais Paul par cœur, il faut qu'il termine la lecture des journaux du matin et se (re)plonge quand même un peu dans son dossier. Sinon, on va à la catastrophe. Je prends d'ailleurs soin de faire installer le conseiller technique qui nous accompagne en face de lui, afin que, le moment venu, il puisse lui faire un petit briefing.

Sophie bougonne par principe mais n'insiste pas. Nous nous mettons d'accord pour que les journalistes s'installent aux côtés de Paul et commencent à échanger avec lui dans la dernière demi-heure du trajet. Durant le reste du voyage, il reviendra à Sophie et éventuellement à moi de les briefer sur le contexte de ce déplacement et ce qu'il en est attendu.

Deux heures et treize minutes plus tard, à 10 h 15 précises, le TGV entre en gare de Valence, parfaitement à l'heure. Les choses commencent bien.

Le préfet, en grand uniforme, ainsi qu'un aréopage d'officiels attendent la délégation sur le quai. Tout ce que le département compte comme autorités est présent. Directeur départemental de la sécurité publique, commissaire, quelques policiers chargés de la sécurité de la délégation, le service de presse de la préfecture, le directeur de cabinet du préfet. Ce dernier me reconnaît (il a dû regarder la composition du cabinet sur le site du ministère) et vient se présenter à moi en me souhaitant la bienvenue. Tandis que Paul et le préfet échangent des banalités, le directeur me fait un rapide point de situation.

Rien d'alarmant, mais il conviendra d'être vigilant pour l'étape de la centrale. Les manifestants se sont déjà positionnés devant l'entrée, mais l'ambiance est plutôt bon enfant et la situation sous contrôle. En revanche, comme il l'a craint, Greenpeace a mené une opération commando pendant la nuit. Ils ont installé une immense banderole sur l'une des cheminées de la centrale. Le directeur me rassure tout de suite en m'informant que les activistes ne sont néanmoins pas parvenus à pénétrer dans l'enceinte proprement dite. Le service de sécurité d'AREVA, épaulé par les forces de l'ordre, s'est assuré qu'ils n'étaient plus présents et ont installé un cordon de sécurité. Ils font également le nécessaire pour tenter de faire retirer la banderole avant l'arrivée du ministre et donc des caméras. J'appelle le conseiller technique pour lui demander d'ajouter un paragraphe sur la sécurité des abords des centrales dans le discours de Paul.

D'un pas rapide, cela fait partie des codes des déplacements, il faut marcher vite comme s'il y a une urgence à traiter, tout notre petit monde se dirige vers les voitures du cortège stationnées devant la gare. Une dizaine au total. La discrétion n'est pas garantie. La voiture du directeur départemental de la sécurité publique (DDSP) se trouve en tête, immédiatement suivie de la voiture du préfet dans laquelle se trouvent également le ministre et son officier de sécurité. Suivent pêle-mêle la voiture du directeur de cabinet dans laquelle je me trouve, la voiture du service de presse avec Sophie et les journalistes et les voitures des autres personnels.

Démarrage en trombe et toutes sirènes hurlantes. Deux motards ouvrent le cortège à coups de sifflets et de grands moulinets des bras. Deux autres le ferment. Je reconnais qu'il y a quelque chose de grisant dans cette dégelée de protocole mais, dans le genre proche du peuple, on peut faire mieux.

Le chantier n'est pas très éloigné de la gare et à la vitesse où le cortège va, aidé des motards qui visiblement prennent leur pied, nous arrivons en dix minutes sur site. Une grande tente a été dressée à l'entrée où patiente une deuxième vague d'officiels. Maire, cabinet du maire, député, assistants du député, le conseiller général, quelques élus locaux, les patrons locaux des entreprises œuvrant sur le chantier, la presse locale. Locale. C'est le mot qui caractérise cette séquence. Il faut dire que le maire a bien fait les choses en invitant toutes les associations mais également les riverains et les futurs occupants de ce programme.

Même si le ministre en visite n'est pas de la même couleur politique, ce type de déplacement est une aubaine pour beaucoup d'élus locaux en mal de reconnaissance. C'est également un moyen de montrer son entregent et son influence supposée, y compris auprès de personnalités nationales. Le protocole républicain est à cet égard bien rodé et la plupart des élus et ministres s'y plient très volontiers. Les divergences politiques s'effacent au profit d'un pragmatisme consensuel.

Le cortège s'arrête dans un nuage de poussière. Sophie et moi, nous nous éjectons littéralement afin de rester à proximité immédiate de Paul. Celui-ci est déjà cerné par une meute de gens. Le maire, que Paul ne connaît pourtant pas, se jette sur lui. Paul croit même un instant qu'il va l'embrasser. Il ne le déscotchera pas de la visite. Tous les officiels viennent le saluer un à un, tel un pape. Le maire prend la visite en main et, tirant Paul par le bras, l'amène au cœur du chantier. De grands panneaux, bardés des logos des entreprises intervenantes et organismes financeurs, ont été installés. Plutôt bien faits. Colorés et pédagogiques, ils montrent bien le avant-après et l'avancée progressive du chantier.

Le maire virevolte. Il n'est pas peu fier. À l'écouter, il a creusé la terre lui-même et à mains nues. Il consent finalement à laisser la parole à l'architecte et aux concepteurs du projet. Après une présentation technique et heureusement succincte, le moment de la visite proprement dite est venu. Paul se laisse guider. Sophie, nerveuse, jette des regards dans tous les sens afin d'anticiper tout problème ou piège éventuel. De mon côté, j'ai le nez sur le déroulé et sur ma montre. Nous avons déjà pris du retard. Il va falloir le rattraper.

On distribue aux membres de la délégation des casques de chantier à l'effigie de la principale entreprise. Puis, par grappes, nous visitons les bâtiments en cours de construction. Rien de très spectaculaire, mais c'est l'occasion pour les professionnels d'illustrer certaines difficultés, responsables d'importants surcoûts. Je sais que cette séquence sera très utile pour animer la réunion qui doit suivre à la préfecture. Paul est appliqué et pose de nombreuses questions. Les entrepreneurs présents ont l'air heureux de présenter leur travail mais aussi de passer quelques messages de manière informelle.

Le préfet indique à Paul qu'il faut accélérer. Le temps des allocutions est venu et le préfet craint un discours fleuve de la part du maire. Il s'en ouvre à moi. Dans le déroulé estimatif, vingt minutes sont prévues pour la séquence. Nous avons dix minutes de retard. Il faut donc que la totalité des temps de parole, ministre inclus, ne durent pas plus de quinze minutes. Je vais trouver le maire pour très directement lui indiquer nos impératifs horaires. Sur l'instant, le maire semble se vexer mais finit par prendre l'engagement de ne parler que cinq minutes. Je suis à peine rassurée.

Le maire improvise un speech un peu grandiloquent mais assez touchant. On le sent à l'aise, il est chez lui. Il tient à peu près parole et s'arrête au bout de sept minutes. Suivent les financeurs, puis Paul. Il fait un discours mi-improvisé, mi-lu, voulant y introduire des anecdotes qui tombent pour la plupart à plat, ce qui n'empêche pas les officiels de glousser bêtement. La partie lue l'est de manière trop mécanique. Je me note d'obliger Paul à mieux s'imprégner de ses discours. Les conseillers qui les rédigent doivent quant à eux les rendre moins techniques, plus accessibles.

La session terminée, s'ensuit le traditionnel verre de l'amitié. Sophie en profite pour permettre aux gazetiers locaux de poser quelques questions. Il est 11 h 20, grand temps pour moi d'extirper Paul des griffes des flagorneurs.

À 11 h 35, le cortège pénètre dans un crissement de pneus dans la cour de la préfecture. Le bâtiment est cossu et bourgeois. La décoration intérieure semble avoir été figée dans le temps mais est plutôt agréable. La délégation est immédiatement emmenée dans une grande salle de réunion où l'attendent les représentants départementaux de la FFB. Ils sont une quinzaine. Ils se lèvent à l'entrée de Paul qui fait le tour de la table et les salue un à un, le préfet à ses côtés afin de les présenter. L'atmosphère est conviviale, les visages souriants. Cette réunion est davantage une réunion de courtoisie qu'une réunion de travail en tant que telle. Paul a besoin d'entendre les professionnels d'un des secteurs qui relève de son portefeuille et ces derniers sont flattés de pouvoir donner leur avis et leurs sentiments sur l'exercice de leur profession.

Le tour de table commence. Un à un, ils présentent leur entreprise, leur nombre de salariés. Paul écoute attentivement et prend des notes, le préfet à sa droite, le conseiller technique à sa gauche. La presse est également présente. Paul tient à ce que l'intégralité de ses déplacements, sauf exception, leur soit ouverte. Après les présentations et un point de situation globale, le débat s'engage sur les besoins du secteur, les difficultés économiques du moment et les obstacles juridiques et administratifs qui viennent leur compliquer la tâche. Certains font quelques propositions, notamment en matière fiscale.

Discrètement assise derrière Paul, je ne cesse de balayer la pièce du regard afin de m'assurer qu'aucun élément ne vienne perturber la réunion. J'observe chacun des intervenants, un à un. La délégation est hétéroclite. Certains sont timides et doivent fournir un effort pour s'exprimer, d'autres se montrent plus volubiles, voulant saisir chaque précieuse seconde pour se faire remarquer du ministre. Il y a une troisième catégorie, celle qui m'inquiète. Celle des participants hostiles et qui ne s'en cachent pas. Leur mine est renfrognée, le regard dur et fuyant quand il n'est pas méprisant. Ils ne semblent pas majoritaires dans cette salle, mais leur seule présence contribue à alourdir l'atmosphère. Je crains une provocation.

La discussion est animée et franche. Paul ne cherche pas à éluder les questions ou à se défausser. Ses interlocuteurs apprécient. Les minutes s'égrènent. Je tends le dos et croise les doigts pour que rien ne vienne gripper la réunion. Alors que je me détends un peu, une immense carcasse se déploie pour se mettre debout, sous le regard interloqué de Paul mais aussi des autres participants. Il est gigantesque avec des bras comme mes cuisses, des mains de bûcheron et des yeux gris accusateurs.

L'échange s'interrompt. L'homme enchaîne aussitôt :

« C'est bien beau tout ce que vous nous dites, monsieur le ministre, mais des beaux parleurs comme vous, on en voit passer presque tous les jours. C'est toujours la même musique, vous nous comprenez, vous dites que vous allez améliorer les choses, mais la réalité, c'est quoi ? La réalité, c'est que demain j'ai peut-être un inspecteur du travail qui va venir me harceler une journée entière pour savoir si j'ai bien rempli le formulaire X32, mis aux normes antisismiques les chiottes ou respecté la nouvelle norme sur le travail en hauteur. Après-demain, ce sera l'URSSAF et le jour suivant les impôts. Tant que vous, les politiques, vous ne vous mettrez pas dans la peau des entrepreneurs comme nous, vous n'aurez rien compris et ne servirez à rien, sauf à nous faire perdre notre temps ! »

Il a à peine fini sa phrase qu'il envoie valser sa chaise. L'officier de sécurité de Paul est prêt à bondir. À l'image du reste de la délégation, je suis pétrifiée. Paul est figé. En une fraction de seconde, le colosse se trouve à quelques mètres à peine du ministre. L'officier de sécurité le stoppe avec le plus de calme possible dans sa progression. L'atmosphère est totalement électrique. D'un geste rageur, il s'extrait de l'emprise de l'officier de sécurité. Il recule d'un pas, fait un immense bras d'honneur à Paul puis quitte la salle.

Tandis que nous reprenons notre souffle, nous entendons des cris étouffés à l'extérieur. Probablement les forces de l'ordre venues récupérer cet individu.

Le préfet, très mal à l'aise, ne cesse de s'excuser auprès de Paul. Ce dernier est plutôt calme malgré la tension qui peine à retomber. Il s'adresse au patron départemental de la FFB :

« Eh bien, dites donc, monsieur le président, le moins que l'on puisse dire, c'est que vos troupes, quand elles ont quelque chose à dire, elles n'y vont pas par quatre chemins.

– Je suis sincèrement désolé, monsieur le ministre. Ce n'est pas notre habitude. Je ne veux pas prendre sa défense, car c'est une attitude inqualifiable, mais c'est vrai qu'on en a vraiment raz la casquette et que ce n'est pas étonnant de finir par avoir des réactions pareilles. L'expérience montre que, malheureusement, lorsqu'on est trop poli, on n'est pas écouté et encore moins entendu. »

Le préfet intervient pour demander à Paul s'il souhaite poursuivre la réunion. Paul répond par l'affirmative. Sophie est déjà à son affaire avec les journalistes pour minimiser l'impact de l'incident. Au bout d'une demi-heure, le préfet invite les participants à conclure. Un patron prend la parole :

« Vous savez, monsieur le ministre, finalement, ce qu'on vous demande, c'est de nous oublier. Que l'État nous laisse faire ce que nous avons à faire. Vous verrez, ça marchera beaucoup mieux. »

De l'humilité d'être ministre…

À 12 h 40, la séance est levée et la délégation va rejoindre les salons de la préfecture où l'attendent presque tous les parlementaires du département. Il n'en manque que deux qui se sont fait excuser. Il faut reconnaître qu'ils ont été prévenus moins de quarante-huit heures avant. Paul les connaît tous, même si plusieurs d'entre eux n'appartiennent pas à sa famille politique. L'apéritif est servi dans le grand salon. Deux personnes s'occupent du service. La révision générale des politiques publiques (RGPP) a laissé quelques moyens en personnels.

À 13 heures, on leur annonce que le déjeuner est servi. Une grande table a été élégamment dressée dans le salon d'à côté, ainsi qu'une plus petite réservée à Sophie, aux deux journalistes, au conseiller technique, au directeur de cabinet et à moi. Le reste de la délégation déjeune à l'office.

Le repas est fin et savoureux. La République sait recevoir ses hôtes de marque. La conversation entre Paul et les parlementaires est presque familiale. Pas question de parler haute politique ou avenir du département, à part sur un ou deux sujets. Tous autant qu'ils sont, ils ont plutôt envie de se détendre, et c'est à celui qui se remémore le plus de souvenirs loufoques quand ils sont sur les bancs de l'Assemblée ou du Sénat. Le directeur de cabinet, de son côté, donne des consignes au personnel afin de bien maintenir l'horaire. Le café est servi rapidement. J'appelle l'officier de sécurité de Paul pour le prévenir que le départ est imminent. Le directeur en fait de même de son côté. Le cortège se reconstitue dans la cour de la préfecture.

À 14 h 30, la délégation reprend son périple, cette fois direction le site du Tricastin, distant d'une cinquantaine de kilomètres. Nous sommes attendus pour 15 h 15. Il ne faut donc pas traîner. Je découvre avec effroi que les autorités n'ont rien trouvé de mieux que d'interrompre la circulation dans tout le centre-ville de Valence, le temps que le cortège passe. Des kilomètres d'embouteillage sont en train de se former. Un concert de Klaxon se fait entendre dans toute la ville.

J'éructe et passe une avoinée au directeur de cabinet. Que les motards simplifient le trajet, à la rigueur. Mais là, c'est vraiment trop. Je ne suis pas au bout de mes surprises. Une fois sorti de la ville, le cortège emprunte l'autoroute légèrement embouteillée en raison d'un accrochage. Les motards créent tout simplement une troisième voie et n'hésitent pas, debout sur leur moto, à donner des coups de pieds dans la carrosserie des voitures qui ne s'écartent pas assez vite à leur goût ! Je suis horrifiée.

À 15 h 10, nous arrivons à proximité de la centrale du Tricastin. Le rythme ralentit. La consigne a été donnée d'arriver sans tambour ni trompette sur ce site sensible. Pas de sirène, pas de gyrophare. Je constate que la banderole a bien été retirée. J'apprendrai plus tard que quatre personnes ont été mises en garde à vue au moment où elles pénétraient sur le site. Les comités d'accueil, l'officiel et le syndical, sont bien présents. Les manifestants, une centaine, sont tenus à distance par un cordon de sécurité organisé par des CRS. Les drapeaux rouges flottent au vent, quelques animateurs haranguent la foule avec des porte-voix. À la vue du cortège, les bruits de sirène des syndicats redoublent. Nous réalisons en même temps avec Sophie qu'il se passe quelque chose lorsque nous ralentissons au niveau de la manifestation. Branle-bas de combat, le ministre a décidé d'aller saluer les manifestants. Le directeur de cabinet est sur le point de faire une attaque…

La rencontre ne s'éternise pas. Les manifestants sont tout aussi surpris que les forces de l'ordre. Un calme impressionnant se fait. Paul se dirige tout droit vers celui qui fait figure de chef. Un grand barbu, au tour de taille impressionnant. Les policiers et CRS sont sur les dents. Au moindre geste mal interprété, le face-à-face peut tourner au pugilat. Au moment où Paul s'apprête à saluer le meneur, un brouhaha puissant monte depuis la foule. « Aux chiottes le Gouvernement ! Tous des menteurs ! Retourne dans ton palais ! »

Le grand barbu se retourne et d'un geste fait signe à ses troupes de tout simplement la fermer. Paul lui tend la main. Le barbu la regarde d'un drôle d'air.

« Je sers pas la main des ministres, dit-il d'une voix rocailleuse. Mais je dois reconnaître que vous avez du cran. C'est pas courant les gars comme vous qui ont les couilles de venir jusqu'ici. C'est encore moins courant de nous faire passer avant les huiles.

– Ça me semble normal, se contente de répondre Paul. Je crois que nous aurons l'occasion de discuter plus longuement tout à l'heure.

– C'est ce qui se dit.

– À tout à l'heure, alors. »

Quand Paul s'éloigne de la manifestation, chacun peut sentir le souffle de soulagement généralisé.

Le directeur du site ainsi que les responsables locaux n'ont rien perdu de la scène. Leur fébrilité est palpable. Paul est également un peu tendu, sans parler du préfet et du reste de la délégation. Les salutations d'usage sont rapidement expédiées et tout le monde s'engouffre dans le hall d'accueil.

Les contrôles de sécurité durent assez longtemps. Je me demande s'ils n'en rajoutent pas un peu, histoire d'être irréprochables. Les téléphones et effets personnels sont placés dans des casiers spécialement dédiés à cet effet. L'identité des journalistes est vérifiée et leur accréditation spéciale demandée. Puis, la délégation est conduite dans une salle à l'aspect moderne et très froid. Des chaises sont disposées devant un grand écran. Le directeur invite tout le monde à s'installer. Pendant une vingtaine de minutes, une présentation en 3D assez remarquable du site, de son fonctionnement et de sa sécurité est projetée. L'ingénieur qui la commente est parfaitement rodé. Paul pose quelques questions, mais tout le monde a hâte d'entrer dans le vif du sujet, à savoir de pénétrer dans le cœur de la centrale et de s'approcher au plus près du réacteur.

À la fin de la présentation, nous sommes dirigés vers une sorte de vestiaire où on nous fournit blouses, charlottes et protègechaussures obligatoires pour toute personne entrant dans ces lieux, ministre ou pas ministre. Nous avons une sacrée dégaine. Cela contribue à détendre l'atmosphère. La visite dure une grosse demi-heure. Le plus impressionnant n'est finalement pas le cœur de la centrale incarné par une immense et profonde piscine mais plutôt le poste de commande, salle gigantesque dont les murs sont totalement recouverts d'ordinateurs.

Scientifiques, experts et autres spécialistes se relaient auprès de Paul afin de lui expliquer et de lui vanter les prouesses de l'énergie nucléaire et le savoir-faire français. Si le ministre et une partie de la délégation sont concentrés sur la visite, c'est loin d'être le cas de Sophie. Elle ne se remet pas d'avoir été privée de son téléphone et se ronge nerveusement les ongles en attendant le moment béni où elle pourra vérifier les dernières dépêches et communiqués.

À peine sommes-nous sortis du sas intermédiaire qu'elle se rue sur son sac pour y extirper le précieux engin. Tandis que nous déambulons tranquillement, Sophie écoute fébrilement ses messages et pianote avec une dextérité sans pareil sur son clavier. Au point d'attirer l'attention de Paul. Il est détendu mais ne va pas le rester. Sophie a le don de l'énerver, y compris pour des sujets qui n'en valent pas la peine. Et apparemment, il y en a un. De manière un peu théâtrale, avec de grands airs sérieux, elle va lui chuchoter quelque chose à l'oreille. Le préfet et le directeur du site, qui se sont un peu écartés, retiennent leur souffle, craignant une catastrophe. Je ne suis pas non plus très à l'aise. Je n'aime pas cette façon de faire, quels que soient l'information ou le problème.

Sophie vient d'apprendre par un journaliste que le patron du parti envisage de modifier profondément son organigramme. Il a débuté ses consultations. Deux anciens Premiers ministres ont été reçus. Le journaliste a appelé Sophie pour avoir la réaction de Paul ou de son cabinet. Paul est dans l'organigramme du parti mais à un poste honorifique. Cette nouvelle peut donc être une opportunité pour gravir les échelons, s'il s'y prend bien, ou se faire éjecter, s'il s'y prend mal. Et la concurrence sera rude. Le parti est le port d'attache ou le refuge de parlementaires vieillissants ou ministres *has been* qui ne veulent pas raccrocher ou à l'inverse de jeunes loups qui veulent se mettre à leur compte et prêts à tout pour y parvenir.

La rumeur de cette réorganisation bruisse déjà dans toute la presse et agite le microcosme parisien. Ce type d'info provoque de véritables crises d'épilepsie dans la classe politique. Paul fait partie des malades, sans parler de Sophie qui ne veut pas qu'il rate ce train-là. Il faut absolument passer quelques coups de fil pour faire circuler le message qu'il était sur les rangs. L'opération intox et enfumage va commencer. Tout de suite. Alors que la moitié de la délégation a encore blouse et charlotte, Paul et Sophie s'isolent pour lancer les premières salves. Un ou deux échanges avec des journalistes qui relaieront sa position et un message au président du parti pour demander un rendez-vous, doublé d'une longue conversation téléphonique avec son directeur de cabinet pour enfoncer le clou.

J'enrage. Je trouve cette attitude irrespectueuse envers les responsables du site. Cela montre également où se situent les priorités de Paul. Il y a quelque chose de dérangeant à voir un ministre dans l'exercice de ses fonctions tout planter pour s'occuper de politique politicienne. Et avec une excitation et un entrain décuplés !

La comédie dure une bonne vingtaine de minutes. Et encore parce que je vais les interrompre, car les syndicats attendent le ministre dans une pièce pour l'audience qu'il a promise. C'est à contrecœur qu'il se plie à l'exercice. Accompagné du préfet et du conseiller technique, il échange des banalités polies en guise d'accusé de réception. Il est ailleurs. Le goût de la conquête du pouvoir est bien plus fort. Et ce n'est pas dans cette pièce que cela se passe.

Le discours ainsi que la conférence de presse qui terminent cette visite devaient être l'apothéose de cette journée. Ce pour quoi on a fait tout ça. Paul fait le job, plutôt bien. Mais la flamme n'y est pas. Le discours est correctement rédigé. Complet, dynamique. L'annonce du lancement de l'EPR à Flamanville est accueillie par une salve d'applaudissements et Paul est bombardé de questions sur le sujet lors de la conférence de presse. Je sens qu'il réinvestit intellectuellement le sujet quand on l'interroge sur la polémique que cette annonce risque de susciter, tant sur le fond que sur la forme. Ces hommes sont définitivement des chasseurs qui ont besoin du goût du sang et du combat, ne puis-je m'empêcher de penser.

À 18 heures, c'est avec trente-cinq minutes de retard que nous quittons le site du Tricastin. Direction la salle des fêtes de Saint-Paul-Trois-Châteaux, petite commune à proximité, où le député-maire et les militants du département nous attendent pour une rapide réunion publique. En temps normal, cette dernière étape aurait été une corvée dont Paul se serait bien passé. Mais vu le remue-ménage autour de la direction du parti, c'est l'occasion de marquer le coup, surtout en présence des journalistes.

Comme il s'agit d'une étape hors déplacement ministériel, les services de la préfecture nous conduisent jusqu'à une sortie d'autoroute. Là, nous sommes récupérés par des militants, trop heureux de transporter un ministre. La salle des fêtes est un peu glauque et défraîchie. Paul est chaleureusement accueilli par une centaine de militants, ce qui est loin d'être ridicule compte tenu de l'horaire. Après les introductions d'usage du secrétaire départemental, du député-maire et du président de la fédération départementale du parti, vient le tour de Paul.

Malgré la fatigue qui commence à se faire sentir, Paul improvise un discours brillant, enlevé, émaillé d'anecdotes et de piques savoureuses contre la gauche. Tous les ingrédients pour faire un carton. Paul a tout misé sur l'engouement et l'adhésion qu'il parviendrait à créer chez les militants pour impressionner les journalistes. Et dans ces cas-là, ce qui marche à tous les coups, bien plus que les propositions de fond, c'est de taper l'adversaire. Notamment cette fin d'après-midi là.

Au bout d'une heure, il faut extirper Paul de la foule composée de nouveaux fans. Le TGV n'attendra pas. Il est 19 h 30, nous avons à peine une demi-heure pour gagner la gare d'Avignon. Faisant fi des précautions de l'aller, les voitures de la préfecture viennent nous rechercher directement. Le préfet a probablement aussi peu envie que Paul qu'il reste dormir dans la Drôme.

À 20 h 02, tout le monde est dans le TGV ; à 20 h 05, le TGV part ; à 20 h 10, Paul dort.

Le réveil est brutal le lendemain matin, surtout pour Michel qui reçoit l'appel du directeur de cabinet du Premier ministre pour le sommer de s'expliquer sur les annonces faites. Michel, malgré la violence du ton, reste calme et ne lâche pas un pouce de terrain. Au lieu de s'expliquer, il laisse son interlocuteur éructer. Ce dernier se fait menaçant et lâche que le Premier ministre n'en restera pas là. Sitôt raccroché, Michel appelle Paul pour lui faire part de l'échange musclé. Paul est embarrassé. Il s'en veut d'exposer ainsi Michel. En même temps, passé l'euphorie de la journée, il a peur d'être allé un peu trop loin et d'avoir franchi la ligne jaune. Malgré l'engueulade qu'il s'est pris, Michel lui conseille de rester calme. Son expérience lui a prouvé qu'il faut réagir étape par étape. Il faudra commencer à s'agiter si Paul est appelé ou se fait convoquer par le Premier ministre lui-même. Tant que c'est le dircab, y a pas le feu à la maison.

Paul ne reçoit aucun appel du Premier ministre et est encore moins convoqué. L'actualité de la veille n'est jamais celle du jour et encore moins celle du lendemain. Le Premier ministre est déjà sur un autre front. Paul est passé entre les gouttes mais a quand même joué avec le feu. C'est ce que lui dit le ministre d'État qui, lui, a décroché son téléphone à la première lecture des journaux du matin. Pas mécontent de son coup.

« En fait, bien coachés, ils peuvent être finalement très utiles, ces secrétaires d'État », pense-t-il tout haut en raccrochant.

IV

COMBIEN DE DÉPUTÉS ?

Un ministre, quel que soit son talent, n'a d'existence politique que s'il est reconnu par ses pairs et son parti. Si les parlementaires ont bien compris pour la plupart d'entre eux que pour réussir il fallait chasser en meute, la règle ne varie pas une fois devenu ministre.

Paul a bien intégré cette règle. Il veille avec un soin particulier à entretenir les meilleures relations avec ses anciens et futurs collègues du Parlement. Sa conseillère parlementaire est une ancienne assistante parlementaire qui a travaillé pour différents députés et connaît l'Assemblée dans ses moindres recoins. Tout comme moi, elle a su nouer des relations solides et durables avec les élus, leurs collaborateurs ou les personnels de l'Assemblée et du Sénat.

Sa feuille de route est simple. Former un noyau dur de parlementaires sur lesquels Paul pourra compter pour être son bras armé au Parlement ou pour monter au créneau dans les médias.

Paul part de loin. D'abord parce qu'il est encore relativement jeune. Donc, au mieux il n'a pas encore eu le temps de structurer ses réseaux, au pire il est jalousé. Or, la jalousie peut faire de vos supposés amis et de votre propre camp vos pires ennemis. Paul en a conscience. Il s'est par ailleurs longuement interrogé sur le profil des parlementaires à conquérir. Ils doivent être fidèles mais crédibles, ambitieux mais pas trop, et si possible répartis sur l'ensemble du territoire afin d'éviter le piège de la baronnie.

Afin d'ajouter en visibilité et en poids politique, il a également intrigué pour figurer dans l'organigramme du parti. Cela permet d'avoir des yeux partout. Certains ministres ont dans leur cabinet un conseiller spécialement dédié aux relations avec le parti, voire avec les autres partis politiques. Paul n'a pas fait ce choix, considérant que beaucoup de mousse en sort et pas grand-chose d'autre.

Il a demandé à sa conseillère parlementaire, que j'ai épaulée, de lui dresser une liste d'élus à choyer plus particulièrement. Comme dans toute relation politique, c'est du donnant-donnant. Paul doit promettre pour recevoir et inversement.

Nous bâtissons une première liste avec pour principaux critères : une certaine influence dans les groupes parlementaires, un minimum de courage pour monter au créneau quand il le faudra, un zeste d'ambition et un intérêt pour les dossiers gouvernementaux de Paul. À cela s'ajoute la nécessité de s'assurer de relations si possibles cordiales, en tout cas correctes avec les parlementaires de son département.

Une série de déjeuners et dîners est organisée les mardis et mercredis afin de constituer ce réseau. J'y assiste systématiquement afin de veiller à ce que les bons messages soient passés et assurer le suivi. Je n'aime pourtant pas ces fausses retrouvailles. Tout n'est qu'apparence et faux-semblants. Chacun sait qu'il va utiliser l'autre et, même si c'est le jeu accepté par tous, j'ai du mal à m'y faire. Le fait que le ton de ces agapes soit graveleux, pour ne pas dire lourdingue, n'arrange rien. Il m'est arrivé à plusieurs reprises de me sentir de trop. Jeune, femme, collaboratrice, pas franchement le profil des autres convives. L'atmosphère copains de chambrée n'est pas la meilleure pour vous mettre à l'aise. Ces messieurs se souviennent généralement de votre existence quand ils ont quelque chose à vous demander ou pour se mirer dans vos yeux et s'assurer que leur pouvoir de séduction est intact. Mon orgueil en prend souvent un coup lors de ces déjeuners. Le pire, c'est que, la plupart du temps, j'en sais deux fois plus qu'eux sur les sujets évoqués. Mais ça, il ne faut surtout pas le montrer.

Malgré tout, cela fait partie des exercices incontournables et très utiles. Je veille à ce que les petits plats soient mis dans les grands. Je suis bien aidée en cela par Julien, l'intendant. Ce dernier s'assure que tout est parfait et s'adapte aux desiderata en termes de menu, d'horaires ou même de lieu, Paul préférant parfois déjeuner ou dîner dans les jardins.

L'exercice le plus difficile est de savoir combien ils seront à chaque fois. Les parlementaires ont cette fâcheuse habitude, soit de ne pas répondre, ce qui oblige le cabinet à relancer sans cesse, sans pour autant harceler (il ne faut pas donner l'impression de supplier), soit de répondre systématiquement oui, pour finalement ne pas venir sans même s'excuser ou annuler le jour même, une meilleure invitation ayant été reçue entre-temps. Pour être sûr d'en avoir entre huit et dix à table, il faut en inviter vingt.

Paul semble heureux, au début, de retrouver ses anciens collègues. Mais assez vite, cela le barbe, sauf à avoir un objectif précis en tête. Il trouve ces parlementaires décidément bien lourdauds. Il en a assez de céder à tous leurs petits caprices, décorations ou interventions pour tel ou tel équipement public dans leur circonscription. Certains parlementaires se rendent dans les ministères comme d'autres dans un supermarché.

J'ai constaté à quel point mon patron a changé au fil des mois. Lui qui s'est épanoui à l'Assemblée et a fait partie des parlementaires les plus actifs porte un regard parfois dédaigneux sur son ancienne maison. Je vois en direct s'incarner à travers Paul la séparation des pouvoirs. Administrations comme cabinets entretiennent savamment le sentiment de supériorité que se doivent d'avoir les membres de l'exécutif. Eux, ils agissent, tandis que les autres palabrent.

Il est vrai que la différence de rythme peut être saisissante entre les deux univers. Alors qu'un ministre est censé ne gérer que des urgences ou des crises, réelles ou supposées, le Parlement est un monde à part. Rien ne peut être tranché en une fois. Il faut de multiples réunions de groupe de toute sorte où, comme dans une cour de récréation, les uns et les autres se motivent pour mieux se rappeler (ou se convaincre ?) que les acteurs de terrain, c'est eux. Je suis toujours stupéfaite de voir la vitesse avec laquelle les députés se montent le bourrichon entre eux sur telle ou telle mesure, disant et réclamant tout et son contraire, appelant au courage pour être ensuite les premiers à demander le retrait d'une réforme jugée non comprise par le... terrain.

Et que dire des questions en tout genre ? Questions écrites, questions au Gouvernement, questions orales sans débat. La plupart d'entre elles n'ont pour seul but que de prouver que le parlementaire travaille. Un courrier d'administré ? Une question écrite. Un accident dans la circonscription ? Une question au Gouvernement. Un dossier médiatisé par la presse locale ? Une question orale sans débat. Toutes ces questions arrivent sur le bureau des cabinets ministériels qui transmettent à leurs administrations. Ces dernières croulent sous des centaines voire des milliers de questions sans intérêt. Des bureaux entiers y sont affectés pour rédiger des réponses qui seront ensuite relues et corrigées par le cabinet puis validées par le ministre lui-même. Le pire, c'est que la plupart du temps la réponse importe peu. Le plus important est d'avoir posé la question.

Même moi, alors que je suis issue de cet univers et que je suis fascinée par lui, j'en viens à voir dans nombre de députés ou sénateurs des enquiquineurs. Je ne peux m'empêcher de m'interroger sur leur véritable fonction. Leur mission principale est-elle vraiment de voter la loi ? J'en doute de plus en plus en voyant s'accumuler sur mon bureau les demandes de subvention et les demandes de rendez-vous pour demandes de subvention. Pendant ce temps-là, l'hémicycle, lui, est vide. Ou presque. En même temps, je peux comprendre qu'ils n'aient pas envie de perdre leur énergie sur des débats pipés d'avance car verrouillés par le Gouvernement. Mais c'est une autre histoire...

Le parti politique constitue un outil indispensable pour tout ministre qui souhaite peser politiquement. C'est aussi un refuge au cas où les choses tourneraient mal. C'est enfin le seul endroit où les membres du Gouvernement peuvent s'exprimer (à titre personnel) librement (ou presque).

Paul est devenu ministre entre autres grâce au parti. Il a réussi habilement à peser à sa manière à la fois à l'Assemblée et dans les instances dirigeantes de sa famille politique. Il compte bien que ce soit également elle qui lui permette à nouveau de grimper les échelons. Récemment, il est parvenu à se faire nommer conseiller politique du président du parti. Cela ne lui donne aucun pouvoir mais la légitimité de s'intéresser à tout et de donner son avis sur tout. Précieux.

Il se fait un point d'honneur à ne rater aucun bureau politique ni aucun conseil national. Le conseil national est un exercice à part entière qui nécessite une certaine maîtrise de ses codes. Quand on est ministre, pour donner l'impression de compter, il faut s'arranger pour être placé à certains endroits choisis et intervenir à certains moments précis. Un ministre qui n'arrive pas à obtenir un temps de parole est tout simplement un looser.

Nous ne sommes pas trop de deux avec Sophie pour préparer le conseil national. D'abord parce que, malgré ses efforts, Paul ne fait pas encore partie des personnalités dites incontournables. Ensuite parce que, une fois de plus, la concurrence est rude. Enfin, parce que ce type de réunion est interminable. Généralement une journée complète. Il faut donc bien analyser le ou les moments où il faut être présent. L'objectif est de rencontrer un maximum d'élus, de militants mais également de journalistes, bien sûr.

Le lobbying peut commencer plusieurs semaines avant afin de s'assurer qu'il prenne la parole. Cela ne va pas de soi et il faut habiller la demande pour que cela apparaisse comme un plus pour le parti. Nous piochons nos arguments soit dans l'actualité, soit dans quelques promesses du chef de l'État, soit dans des négociations d'équilibre interne du parti. Il est rare d'en venir aux menaces de déballage médiatique. Mais cela peut arriver. Nous n'avons heureusement pas eu jusqu'à présent besoin d'y recourir.

Un conseil national est en réalité un joyeux bordel qui doit avoir l'air pro. Je m'arrache les cheveux à force de parler à des interlocuteurs différents au siège. Aucun n'est décisionnaire, mais chacun prétend l'être. À cela s'ajoutent les grains de sable des conseillers de Matignon et de l'Élysée, qui les lancent autant pour prouver leur utilité à leur patron que pour leur patron lui-même. Certains les surnomment même « les parasites ». Dans ces cas-là, j'ai une manière bien à moi de procéder : 1. Faire plus ou moins valider le principe de la prise de parole de Paul par le directeur de cabinet du président ou le secrétaire général du parti ; 2. Informer le cabinet du ministre d'État en disant que ce sera un atout pour lui si son « clan » est présent en masse au conseil ; 3. Harceler les équipes techniques pour obtenir en avant-première le déroulé, les séquences et m'assurer de l'heure d'intervention de Paul.

Le jour J, la conseillère parlementaire, Sophie et moi sommes sur le pont. Généralement un week-end, cela fait partie du boulot. Je m'occupe de tous les aspects pratiques : heure d'arrivée de Paul, accueil, m'assurer qu'il est bien placé et si possible dans le champ des caméras, et veiller à ce qu'il ne se fasse pas piquer sa place par un collègue du gouvernement ou par un parlementaire. Sophie fait en sorte d'aménager systématiquement un temps d'échange privilégié avec les journalistes. Avant, pendant, après, sur l'actualité du parti ou sur l'actualité tout court. Objectif : visibilité maximale. Quant à la conseillère parlementaire, elle doit veiller à ce que Paul fasse le job auprès des troupes militantes et des élus de son département. La feuille de route de chacune est claire.

Autant la préparation des conseils nationaux est souvent chaotique, autant, une fois lancé, c'est un exercice d'un classicisme total aux rebondissements rares. La vérité, c'est que la plupart des ministres et parlementaires, sans parler de leurs collaborateurs, s'y ennuient ferme. Mais le parti vaut bien une messe.

Dans ce genre de manifestation, le spectacle s'anime surtout en coulisses. Si ça ne m'agaçait pas, je pourrais m'en amuser. C'est le vrai terrain de jeu des conseillers politiques – comme ils se font appeler pompeusement –, les « mister cocktail » ou ventilateurs – comme ils sont souvent surnommés. Vous reconnaissez un *mister cocktail* ou *spin doctor* (en fait, ce sont souvent les mêmes) à leur façon inimitable de prendre un air imprégné et de conspirateur sur le moindre sujet, aussi insignifiant soit-il. Leur rôle est d'être présents. Et ça, pour être présents, ils sont présents. Envahissants même. Certains d'entre eux donnent l'impression de se prendre pour le ministre en personne. Beaucoup sont passés maîtres dans l'art du ragot et du pompier pyromane. C'est d'ailleurs souvent leur mission principale, car en termes de « production » et de valeur ajoutée le résultat s'avère souvent mince. Est-ce le mythe de la conquête du pouvoir et de la toute-puissance de la communication ? Ces stratèges, généralement de pacotille, sont en plus les mieux payés des cabinets avec des salaires qui peuvent aller jusqu'à cinq chiffres, nets !

Paul a toujours eu une sainte horreur de cette espèce. Pour lui, il ne s'agit que de lâches ou de ratés qui auraient rêvé de faire de la politique mais n'en ont ni le courage ni finalement le talent. Car c'est une chose de conseiller un guerrier, bien planqué derrière lui. C'en est une autre de monter au front. Quand j'ai fait part à

Paul de mon intention de m'engager sur une liste aux élections municipales, j'ai craint sa réaction. Il aurait pu y voir un risque que je lui échappe et en tout cas un membre de son cabinet qui aurait moins de temps. Il devrait me partager, ce que beaucoup de femmes et d'hommes politiques ont du mal à accepter. Mais à ma grande surprise, il m'y a encouragée vivement. Pour lui, je ferai une collaboratrice d'autant plus efficace que je comprendrai ce qu'il vit vraiment. En regardant ces comédiens pseudo-politiques brasser de l'air, je comprends mieux ce qu'il voulait dire.

Sophie et moi, nous veillons également à ce que Paul participe voire inspire les conventions thématiques du parti. Le rôle de la formation majoritaire est toujours ingrat. En principe, c'est à elle de veiller à ce que le Gouvernement tienne les promesses de la campagne. C'est également à elle de faire des propositions innovantes, de lancer des ballons d'essai, comme on dit, sur des réformes pas forcément populaires et pour lesquelles il faut préparer l'opinion. Le parti peut se le permettre, pas le Gouvernement. Voilà *a priori* toute la complémentarité des rôles.

Malheureusement, cette répartition n'existe que sur le papier. D'abord parce que le parti a été amputé de ses meilleurs éléments entrés au… gouvernement. Ensuite, ce même gouvernement s'arrange pour garder le contrôle sur le parti. On ne sait jamais. Les successeurs aux premiers postes sont soit désignés d'office et pas faits pour le job, soit de pâles copies avec pour seule qualité une expérience d'apparatchik. En cas de tempête, lorsqu'il faut faire preuve d'autorité, il n'y a donc plus personne à bord. Cerise sur le gâteau, l'organigramme est truffé de ministres qui annihilent toute capacité d'innovation et d'émancipation, si tant est qu'il y en ait eu une.

Les conventions thématiques sont les seuls événements pouvant laisser croire, du moins en apparence, que l'électroencéphalogramme du parti n'est pas plat. Pour les ministres du rang de Paul, ce sont autant d'aubaines. Il peut se positionner comme faisant partie des personnalités qui réfléchissent et qui ont des idées. Elles ne sont malheureusement pas les plus nombreuses. C'est d'ailleurs plus facile pour les ministres car ils peuvent compter sur le support de leurs conseillers techniques. Certains ne se privent pas de leur faire « pisser de la copie » pour alimenter la boîte à idées…

Paul en a animé plusieurs. Afin de maximiser son influence, il s'est débrouillé pour que pas moins de trois conventions soient consacrées à ses deniers ministériels. L'une sur la politique énergétique de la France, l'autre sur la thématique « entreprendre en France » et la troisième sur les infrastructures et l'attractivité de la France. Autant d'occasions de se mettre en avant, mais aussi de se faire des ennemis.

Il le sait, cela fait partie du jeu.

V

HORS MÉDIAS, POINT DE SALUT

Le paradoxe de la vie de ministre, c'est que, sitôt nommé, vous n'êtes officiellement plus maître de votre parole. C'est tellement vrai qu'un ancien ministre, une fois son portefeuille rendu, a rédigé un livre ayant pour titre *À moi le ministère de la parole !*, ou la liberté d'expression retrouvée. Or, un ministre qui ne communique pas est un ministre qui n'existe pas.

J'ai été stupéfaite quand j'ai découvert que l'activité gouvernementale se mesure au travers d'un indice que l'on appelle Unité de Bruit Médiatique. Grâce à des outils statistiques, chaque prise de parole dans la presse, à la radio ou à la télévision ou chaque mention qui est faite d'un ministre dans les médias est référencée. Plus un ministre fait de bruit médiatique, plus il est jugé bon, même si le bruit est négatif ! Le tout est de se faire entendre et remarquer. Une véritable course au baromètre s'engage chaque semaine. Les résultats sont scrutés à la loupe puis commentés en *off* par des conseillers com chargés d'enfoncer le clou ou de sauver la face.

Il y a plusieurs moyens de communiquer. Le plus académique est la communication ministérielle sur un dossier relevant du ministère. Le deuxième est le passage dans les émissions politiques et les interviews plus larges. Le troisième est la communication plus ou moins *off* avec les journalistes, orchestrée à l'occasion de déjeuners et relayée par les attachés de presse.

La communication ministérielle est à la fois la communication la moins risquée mais aussi la plus difficile à mettre en œuvre.

D'abord parce que cela suppose d'avoir une actualité, ensuite parce qu'il faut qu'elle soit validée et coordonnée par Matignon ou le ministère de tutelle. Si le ministre de l'Intérieur, par exemple, ne se pose pas ce genre de questions, étant de fait sous le feu des projecteurs en permanence, c'est moins vrai en ce qui concerne les ministères plus techniques, sans parler des sous-ministères.

Paul et son ministère se situent entre les deux. Son portefeuille est assez technique, mais il gère de vrais dossiers. Qu'il s'agisse de la politique énergétique, de la question de la sécurité des installations nucléaires ou des investissements dans les infrastructures, ces thématiques portent en elles-mêmes leur actualité. Mais cela ne suffit pas. Les médias sont gloutons en informations et, en plus, exigeants. Il faut un sens, un objectif, si possible une polémique, des images, des gens en colère. Tout ce qui fait frémir d'angoisse les administrations qui, au contraire, ont été formées pour étouffer ces situations.

C'est là qu'intervient la conseillère en communication. À l'image de Sophie, elle a un profil bien particulier, confinant au stéréotype. Culottée, extravertie, agitée, impatiente, nerveuse, parfois sans gêne, elle se reconnaît au Smartphone qu'elle a greffé à l'oreille vingt-quatre heures sur vingt-quatre. Mais une bonne conseillère en communication peut à elle toute seule révolutionner un secteur en imposant un tempo et en « violant » les administrations.

À la décharge de certaines attachées de presse qui parfois donnent l'impression de péter les plombs, à quelques heures d'intervalle elles peuvent être amenées à devoir faire tout et son contraire. Si un jour il faut créer un événement de toutes pièces parce que l'actualité ne vient pas naturellement, le lendemain il faut à l'inverse contrôler une information embarrassante qui circule et faire en sorte de la circonscrire.

Sophie a été confrontée aux deux cas de figure. L'épisode du Tricastin a été monté de toutes pièces afin de créer une communication positive et de montrer des images dont les médias sont friands. Une grande partie de l'agenda du ministre est d'ailleurs bâtie en fonction des besoins ressentis ou exprimés par les médias. Toute demande formulée par la presse est traitée prioritairement, quitte à chambouler ce qui était prévu. Une demande d'interview express alors qu'un autre rendez-vous est prévu au même moment ? Pas grave, il est décalé. Une réunion avec des parlementaires est organisée au ministère alors qu'il y a la possibilité de participer à un débat sur un plateau télé ? Pas grave, le ministre arrivera en retard. Le directeur de cabinet les fera patienter.

Les déplacements, les lieux, leurs horaires sont totalement articulés en fonction des attentes des médias. Ni trop tôt ni trop tard. Il faut que les annonces soient faites en fonction des heures de bouclage ou de diffusion, quitte à bousculer l'agenda du ministre et à tordre le déroulé normal d'un déplacement. Dans le business, le client est roi. En politique, le produit, c'est le ministre, le client, le journaliste. Le journaliste est donc roi. CQFD.

La donne est plus compliquée quand l'information n'est pas contrôlée à son origine. Là encore, Sophie a eu à gérer ce type de situation comme le jour de la sortie de l'article à charge du *Parisien.* Avant d'organiser la communication positive (le déplacement à Triscatin), il faut déminer et verrouiller la communication négative. Cela lui a pris des heures au téléphone. Elle a d'abord appelé la rédaction du *Parisien* pour s'étonner de ne pas avoir été contactée sur le sujet. La meilleure défense, comme pour tout, c'est l'attaque. Or, les journalistes n'aiment pas du tout se faire prendre en défaut sur leur compétence ou leur déontologie. Sophie y a vu là un bon point d'entrée. Cela demande au minimum un droit de réponse. En tout cas, Sophie a voulu que

Le Parisien se sente débiteur et, pour se « racheter » de ce qu'elle estimait être une bévue, fasse un geste envers son patron. Elle a tenté d'obtenir une interview pleine page du genre : « j'ai un cap, une méthode et des propositions ». Sans succès. Le propre de la bonne attachée de presse étant la persévérance, pour ne pas dire le harcèlement, à l'usure, elle obtint la couverture du déplacement dans la Drôme avec l'assurance d'un article d'un nombre minimum de signes, avec photo.

L'étape d'après est de limiter les dégâts et de faire en sorte que l'information et les interprétations qui en seront faites ne se propagent pas ou en tout cas le moins possible. Il faut donc appeler tous ses correspondants afin de donner la version officielle du ministère, de les appâter en annonçant une initiative et de contre-attaquer en lançant à son tour une interprétation assez politique des faits afin d'inciter les journalistes à aller renifler chez quelques collègues du Gouvernement.

L'un des moments forts des cabinets ministériels, surtout des ministres non aguerris, est l'invitation sur un plateau de télévision ou la participation à une émission politique dite de référence. D'abord parce que cela ne se présente pas tous les jours, ensuite parce qu'il y a un avant et un après. En bien ou en mal.

Un mois après son déplacement qui a fait grand bruit et a rendu Matignon hystérique à la suite de l'annonce de l'EPR de Flamanville, Paul est invité dans l'émission *C' dans l'air* sur France 5. Elle n'appartient pas aux émissions dites de référence en matière de politique, mais elle commence à faire son trou. Le microcosme l'a déjà adoptée et, en se débrouillant bien, elle peut être relayée par de nombreuses dépêches AFP qui garantissent ensuite une couverture et une reprise bien plus larges. Mais dans une émission de télévision, pas de corrections possibles et, avec Internet, la moindre bévue peut vous suivre tel un sparadrap jusqu'à la fin de vos jours.

Sophie et Paul le savent et le craignent. Il faut donc préparer minutieusement cette émission. Le rituel est rodé. Paul réunit autour de lui Sophie et moi, dont il apprécie le sens politique et l'esprit de synthèse, ainsi que Michel pour les aspects techniques et pour savoir jusqu'où il peut aller sans trop se faire taper sur les doigts par le Premier ministre voire le Président. Sophie s'est préalablement entretenue plusieurs fois avec le journaliste ou ses collaborateurs afin de sérier les thématiques des questions, de cerner le ton et de comprendre ce qu'en attend globalement le journaliste.

Pendant deux heures, nous préparons ensuite les réponses, techniquement. Nous travaillons également au choix des mots et ciselons une ou deux formules destinées à être reprises. Vient ensuite le jeu stressant mais amusant du brainstorming des questions tordues et embarrassantes. Sophie excelle dans cet exercice. L'objectif est de réduire le risque de voir Paul déstabilisé par une question et bredouiller une réponse qui casserait tout le reste.

Il est relativement à l'aise dans les médias. C'est un bon débatteur qui a spontanément le sens de la formule. Son humour et sa culture sont autant d'armes qui lui permettent de se tirer de mauvais pas par une pirouette. À la condition qu'il n'en abuse pas, ce qu'il a tendance à faire quand il ne travaille pas assez.

Sa première émission est un succès. Il ne se fait pas piéger et il montre qu'il maîtrise ses dossiers, tout en apparaissant comme sympathique et accessible. Le soir même de sa prestation, il reçoit un coup de fil de félicitations du ministre d'État qui vient confirmer cette impression.

Le troisième volet des relations avec les journalistes réside dans la maîtrise du *off*. Le *off* consiste à donner un certain nombre d'informations, mais pas officiellement. Si ces informations sont reprises, elles ne doivent pas être sourcées, c'est-à-dire rester anonymes.

C'est un jeu auquel s'adonnent nombre de conseillers car ils peuvent se lâcher et souvent balancer tout leur fiel sans prendre le moindre risque. Les journalistes en sont par ailleurs friands car cela leur permet d'obtenir des infos croustillantes et correspondant au dessous des cartes, bien loin de la langue de bois qui barbe tout le monde.

Le *off* ne se pratique pas n'importe où, ni avec n'importe qui, ni n'importe comment. Le *off* est le meilleur moyen de bâtir des relations de confiance avec quelques journalistes privilégiés. La relation est ainsi dénuée de tout artifice. Que ce soit sur les dossiers portés par le ministère ou sur des questions politiques, il a l'avantage de créer une proximité et de permettre une meilleure compréhension des enjeux. Mais le *off* a également ses limites dont Paul et Sophie ont été eux-mêmes victimes.

La manière la plus courante de le pratiquer est à l'occasion de déjeuners au ministère, organisés par Sophie avec des groupes de journalistes, à leur demande ou sur initiative du cabinet. Sophie comme Paul aiment cet exercice car il est convivial. Il permet de ragoter sans scrupules, car officiellement c'est pour le boulot. À condition que le *off* soit respecté. Ce qui est de moins en moins le cas, au point qu'une journaliste du *Figaro*, fréquemment invitée par Paul, a fait un livre de tous ses déjeuners aux tables ministérielles !

Sophie a donc pour tâche de faire exister Paul, mais sans trop l'exposer. Elle doit également tenter de le présenter comme loyal sans le faire passer pour un béni-oui-oui, ce qui implique quelques incartades. Le cauchemar des communicants de Matignon qui passent leur temps à tenter de limiter la casse. C'est toute l'histoire des fameux couacs. Demander aux ministres de monter au créneau pour défendre la politique du Gouvernement, sachant que tous souhaitent avant tout exister sur la scène médiatique, c'est prendre le risque d'afficher une ligne gouvernementale sinusoïdale.

Matignon essaye de tenir à brides courtes les communicants des différents cabinets. Chacun est supposé demander le feu vert au service de presse du Premier ministre avant de donner une interview ou de participer à une émission. Autant dire qu'avec quarante ministres c'est injouable. En deuxième rideau de protection, chaque interview écrite doit être soumise avant publication à la validation de Matignon. Mais comme par hasard, les délais sont souvent trop courts et l'interview envoyée à la rédaction avant que Matignon n'ait pu émettre la moindre remarque. Enfin, la cellule de communication du Premier ministre réunit au moins une fois par semaine à Matignon l'ensemble des attachés de presse du Gouvernement afin de caler les éléments de langage et tenter d'anticiper et de coordonner les prises de parole nécessaires. L'effort est louable, mais c'est peine perdue.

Au-delà des couacs gouvernementaux et de l'impression d'amateurisme qu'ils peuvent engendrer, le vrai drame de la communication est qu'elle a tendance à se suffire à elle-même. Paul ne fait pas exception. Pour un cabinet ministériel, le plus important c'est l'annonce et la préparation de l'annonce. Telle une fusée dont on se contenterait de s'assurer du lancement sans se soucier de savoir si elle est capable de voler ensuite.

Paul, comme tous, encouragé par Sophie et d'autres, a tendance à ne plus s'occuper d'un dossier et à passer à autre chose dès que la phase de communication est terminée. Pour lui, communiquer c'est faire. D'où les nombreuses réformes qui ne sont finalement jamais sorties de terre ou n'ont jamais été mises en œuvre. Car en principe, la communication n'est que le début. Il convient ensuite de s'assurer que les services construisent juridiquement et administrativement une réforme. Or, si le pouvoir politique n'utilise pas son autorité sur les administrations, tels les parents sur leurs enfants pour qu'ils fassent leurs devoirs, le résultat c'est 25 % des lois qui ne sont toujours pas appliquées plus d'un an après leur adoption.

En définitive, la communication est aussi nécessaire au pouvoir politique qu'elle lui est nuisible. Quant aux relations avec les journalistes, cela restera toujours un mélange de fascination et de répulsion réciproques dont les deux parties se nourrissent pour donner un peu plus de sel à un univers qui serait sinon bien terne.

VI

PROJET DE LOI : ENTRE PANTHÉON ET CHEMIN DE CROIX

Les grands hommes ont leur Panthéon, tout ministre digne de ce nom doit avoir sa loi. Les ministres passent mais les lois restent.

Paul l'a bien compris. Communiquer, c'est bien, laisser une trace dans l'histoire, aussi petite soit-elle, c'est mieux. À peine arrivé au ministère, il demande à Michel de réfléchir à un projet de loi qui fera sauter les verrous dans son domaine d'attribution. Ça tombe plutôt bien car Bercy cherche à refourguer depuis des années un projet sur le paquet énergétique et la régulation des parcs éoliens.

En matière de réforme, le monde fonctionne souvent à l'envers. La logique veut que ce soit au ministre d'impulser une politique correspondant à des engagements de campagne. Mais cela suppose qu'il connaisse un minimum le sujet et les dossiers, ce qui est rarement le cas. C'est même souvent l'inverse. Il suffit qu'un parlementaire soit un peu spécialisé dans un domaine et montre son intérêt pour conduire une réforme pour qu'il soit nommé dans un ministère aux antipodes de ses compétences. Il veut la Défense ? Qu'à cela ne tienne, il sera ministre de la Santé. Il rêve de l'Éducation ? Il sera ministre du Logement. Il veut le Budget ? Il aura l'Agriculture. Et ainsi de suite. Pas commode pour se préparer.

À l'inverse, alors que les ministres durent dix-huit mois en moyenne, les administrations, elles, moulinent toute l'année et à vie sur leurs sujets de prédilection. Et elles ont des idées, voire des lubies. Paul se souvient d'un ministre qui lui a raconté comment il a fini par céder à son administration et par se faire refiler le projet de prime à la casse pour relancer le secteur automobile qu'il avait pourtant retoqué six ans auparavant !

Réforme de la décentralisation, réforme du divorce, refondation de l'école, simplification administrative, autant de réformes qui viennent s'inscrire dans l'agenda de ministères en mal d'imagination, comme les marronniers auxquels la presse a recours lorsqu'elle est en panne d'inspiration. La fenêtre de tir idéale pour l'administration ? L'échéance de ces fameux dix-huit mois. Les ministres sont usés et les cabinets essorés. Surtout, les premières rumeurs de remaniement apparaissent obnubilant les neurones des ministres et de leur entourage qui se retrouvent dans l'incapacité de réfléchir et encore plus de se projeter dans l'avenir. En même temps, le meilleur moyen de garantir sa place dans le prochain gouvernement est de se rendre indispensable. Et pour ça, rien de mieux qu'une réforme « grand public » touchant à la vie quotidienne des gens. L'administration le sait et elle ne s'en prive pas.

La caractéristique de cette dernière, c'est qu'elle n'abandonne jamais et qu'elle a une arme dont ne dispose pas le politique : le temps. La stratégie la plus efficace consiste donc à jouer la montre. Ça marche presque à tous les coups. La plupart des mesures législatives adoptées, sauf en raison d'une actualité précise, sont des mesures qui traînent dans les cartons de l'administration depuis des années. Il faut juste attendre le bon moment et le ministre qui a besoin d'un projet de loi tout de suite et le tour est joué.

Paul est de ceux-là. Il faut maintenant convaincre le ministre d'État ainsi que Matignon, l'Élysée et le secrétariat général du Gouvernement. L'avantage des sujets de Paul, c'est qu'ils étaient suffisamment techniques pour que tout un chacun n'ait pas envie d'y coller son nez et suffisamment larges pour être grand public et contenir des mesures sociales, comme le coût de l'énergie. L'argumentaire de Paul pour convaincre ses supérieurs d'inscrire ce projet de loi est rodé : c'est bon pour les classes moyennes et populaires ; c'est attendu par les entreprises qui retrouveront un peu de compétitivité ; cela garantit l'autonomie énergétique de la France ; cela introduit un peu d'énergie verte tout en confortant la place du nucléaire ; cela régule l'installation des éoliennes au regard d'impératifs paysagers.

Un peu de social, un peu d'écolo-bobo, un peu de compétitivité, un peu de cocorico, le projet parfait en somme.

Il faut ensuite trouver la fenêtre de tir. Celle-ci survient de manière inespérée à la suite des menaces de l'Ukraine en ce qui concerne son gazoduc qui assure une grande partie de l'approvisionnement en gaz de l'Europe. L'urgence est là. Il n'y a plus qu'à appuyer sur le bouton.

Le projet de loi est inscrit quasiment dans la foulée à l'ordre du jour du Conseil des ministres. Matignon et l'Élysée sont trop heureux de disposer de la réforme clé en main pour rassurer immédiatement les Français. Grâce à cette actualité, le projet de loi de Paul évite de tomber dans un des pièges souvent réservés à ces textes. Il est inscrit dans la semaine qui suit à l'ordre du jour de l'Assemblée nationale, pour un examen par les députés qui doit débuter moins d'un mois plus tard. Il n'est pourtant pas rare de voir des textes errer entre le Conseil des ministres et le Parlement, pour finalement ne jamais être examinés.

Ce que Paul ignore, c'est que son calvaire n'a pas commencé.

En quelques mois, bien au chaud dans son ministère, il a tout simplement oublié que ses amis et ex-collègues de l'Assemblée n'ont rien de gentils collaborateurs. Tout ministre qu'il est, son autorité sur eux est toute relative.

Il ne met pas longtemps à s'en rendre compte. Assez naïvement, il veut s'assurer que le rapporteur du texte ainsi que le whip – le député chargé de veiller au respect des consignes de vote par les autres membres de son groupe politique – de la commission et le porte-parole du groupe de la majorité soient choisis parmi ses fidèles. Il veut des hommes à lui pour s'assurer de maîtriser le débat parlementaire. C'est mal connaître le réflexe d'orgueil du Parlement qui ne supporte pas la tutelle de l'exécutif et ses tentatives d'immixtion dans ce qui relève de ses compétences pures. Il ne manquerait plus que ce soit le ministre qui choisisse les députés qui auraient le droit de parler ! Mais pour qui se prend-il ? La réaction est assez violente. Cela lui vaut les coups de fil ulcérés du président de la commission des affaires économiques, du président du groupe parlementaire et du ministre chargé des relations avec le Parlement auprès duquel ils se sont plaints.

Ça commence mal. Et il n'a encore rien vu.

La petite vengeance de l'Assemblée est évidemment de nommer sur ce texte les députés dont Paul ne veut pas. Juste histoire de rappeler qu'ils sont maîtres chez eux. Et dans ces cas-là, il ne faut pas compter sur la solidarité politique. Droite/gauche, même combat. Députés avant d'être partisans !

Comme de coutume, Paul est auditionné par la commission, avant que celle-ci, la semaine suivante, ne commence à examiner et à amender le texte du Gouvernement. Une fois de plus, il sous-estime l'importance de cet exercice. C'est fou de voir comment un ministre intelligent peut se saborder faute de travail. Mais il n'y a pas que ça. Je suis frappée de voir à quel point, en l'espace de quelques mois, il s'est déconnecté de ce qui est sa maison et de son incapacité à se situer par rapport à elle. Il est soit trop familier avec ses anciens collègues au point d'oublier qu'il est ministre, soit hautain pour rappeler qu'il l'est au cas où ils ne s'en souviendraient plus. Résultat : les députés ne savent plus à quel saint se vouer et interprètent son attitude comme une posture destinée à mieux les tromper.

Pour le travail en confiance, il va falloir repasser.

Une semaine après, les députés mettent le texte en charpie. Plus de trois mille amendements ont été déposés. Certains remettent en cause le cœur et le sens même de la réforme, d'autres sont totalement loufoques et ne sont là que pour enliser le débat.

À la suite de cet examen en commission, une réunion interministérielle est organisée afin d'arrêter la position officielle du Gouvernement sur les amendements. Une dizaine de ministères y participent, cabinets et administrations, sous la présidence du conseiller énergie du Premier ministre. Chose inquiétante pour le cabinet de Paul, alors que c'est à lui de présenter le texte et de faire un point de contexte, le cabinet du ministre d'État est appelé à la rescousse et reprend les choses en main. La réunion dure quatre heures au cours desquelles les arbitrages sont rendus, certains contre l'avis du cabinet de Paul.

L'humiliation est totale.

La semaine suivante débute l'examen du texte en séance publique. Le marathon commence. La discussion générale à elle toute seule dure deux jours et deux nuits. Le cabinet est tout entier mobilisé. Siégeant derrière Paul, ses conseillers lui fournissent discours et éléments de réponse aux interventions des orateurs. Paul a compris sa bévue durant la préparation du débat et tente de se racheter en se montrant conciliant et particulièrement aimable avec le rapporteur et le président de commission qui semblent apprécier le geste. Mais sur le fond, il n'est pas certain que cela change quelque chose.

Durant près de deux semaines, nous ferraillons afin de tenir les positions gouvernementales. Ce que nous parvenons à faire jusqu'à cette fatidique séance de nuit du jeudi.

La fatigue commence à se faire sentir sur le banc du Gouvernement comme sur ceux du reste de l'hémicycle. Je redoute cette séance. D'après mes calculs, c'est cette nuit qu'une des mesures phares du projet, la régulation des parcs éoliens, doit être examinée. Or, d'après mon expérience, c'est le plus mauvais moment. Les parlementaires de la majorité, même les plus motivés, ont besoin de reprendre un peu d'oxygène après presque deux semaines de débat. Le vendredi est LA journée où les députés ont un maximum d'obligations dans leur circonscription. La plupart d'entre eux sont donc repartis le jeudi dans l'après-midi. Je compte sur la même démobilisation dans l'opposition. Dans le cas contraire, je crains un problème de majorité dans l'hémicycle.

L'hémicycle est quasiment vide quand la séance reprend à 21 h 30. Il se remplit un peu une fois les dîners divers et variés achevés, mais rien de transcendant. Je ne cesse de compter les présents. Ils sont douze à droite et sept à gauche. À surveiller comme le lait sur le feu. Le débat a pris son rythme de croisière, lent et répétitif. L'amendement est appelé, le rapporteur puis le président de commission donnent leur avis, puis le ministre, puis les députés qui souhaitent intervenir. Puis ils votent. Et ainsi de suite.

Deux députés de la majorité sont sortis. J'espère que c'est provisoire. Dix contre sept. Me sentant sans filet, je vais, aidée de la conseillère parlementaire, chercher le chargé de mission du groupe de la majorité qui suit le texte afin qu'il batte un peu le rappel pour avoir plus de troupes. Un étrange ballet m'inquiète. Alors que le nombre de députés de la majorité reste stable voire diminue, l'air de rien, celui des députés de l'opposition augmente. Un par ci, un par là. Ce qui attire mon attention, c'est la régularité avec laquelle ils arrivent un à un. Ça sent mauvais.

L'amendement majeur du projet de loi est sur le point d'être appelé en discussion. N'y tenant plus, toujours flanquée de la conseillère parlementaire, je sors de l'hémicycle. Je veux m'assurer que l'opposition n'a pas planqué des troupes en réserve qui arriveraient telle la cavalerie pour faire basculer le vote au dernier moment. Nous nous dirigeons vers l'un des salons attenants à l'hémicycle traditionnellement réservé à l'opposition. Personne. Pas rassurées pour autant, nous traversons la salle des Quatre colonnes et nous nous engageons dans le couloir qui abrite les salles de réunion. Mon pouls s'accélère quand je crois entendre un murmure. Plus j'avance, plus ce murmure s'amplifie. Arrivée à la hauteur du troisième bureau, plus de doute. Ils sont au moins une trentaine là-dedans, attendant le signal pour fondre sur l'hémicycle.

Nous courons pour rejoindre le banc du Gouvernement et pour informer Paul ainsi que le groupe de la majorité de ce qui est en train de se tramer. À notre grand désespoir, Paul ne nous prend pas au sérieux. Le collaborateur du groupe montre, lui, des signes d'inquiétude. Lui aussi sent le mauvais coup arriver. Il s'est saisi de son téléphone afin d'alerter le secrétaire général du groupe et pour demander aux secrétaires de permanence de sonner le tocsin auprès des députés franciliens afin qu'ils regagnent l'Assemblée le plus vite possible. Mais le coup est parti.

Ce n'est plus un à un mais désormais par groupes de deux voire trois que les députés de l'opposition regagnent l'hémicycle. Les bancs de la majorité se sont eux aussi un peu garnis. Certains députés qui sommeillaient dans leur bureau dans l'attente du vote sont descendus. Les deux camps sont à peu près égaux. Paul n'a pas pris conscience de l'infiltration progressive. Les députés sont dispersés sur les bancs. Le rapport de force n'est donc pas flagrant. Il veut en finir. Il se lève pour apporter une dernière réponse à un orateur avant de passer au vote. Je passe un mot au président de séance, qui est de notre côté, pour l'alerter du danger. Il n'en avait pas pris conscience et commence à compter ostensiblement le nombre de présents.

Cela fait une petite minute que Paul parle. Alors qu'il amorce sa conclusion et s'apprête à se rasseoir pour qu'on procède au vote, une quinzaine de députés de l'opposition pénètrent dans l'hémicycle. Ils sont majoritaires. Paul semble abasourdi, le président de séance compte toujours, tout en appelant au vote. Nous allons être battus. Le Gouvernement va être battu. Cela fera la une des journaux le lendemain. J'en suis malade.

C'est alors que la conseillère parlementaire a un réflexe presque de désespoir. Presque à genoux sur le banc, elle fait signe, à grand renfort de moulinets, au whip de la majorité qui est à demi somnolent, de demander une suspension de séance. Lui seul est habilité à le faire. S'il ne comprend pas ses gestes dans la seconde, l'Assemblée votera avec un résultat implacable. Par miracle, il croise le regard de la conseillère qui le supplie et sans même chercher à comprendre ce qui se passe, hurle : « Suspension de séance ! »

Le président de séance ne se pose pas la question de savoir s'il a le droit de l'accorder ou pas compte tenu du fait que le vote a été déjà plus ou moins annoncé et y donne suite dans la foulée. Les députés de l'opposition crient au scandale, demandent un rappel au règlement. Rien n'y fait. La séance est suspendue durant une heure.

Les débats reprennent à minuit et demi. Le groupe a rameuté tout ce qu'il a pu trouver de députés de la majorité. Ils sont désormais presque une trentaine. En face, en revanche, leur coup ayant échoué, les élus de l'opposition n'ont pas attendu la reprise et c'est par vingt-neuf voix contre cinq que l'amendement est adopté.

Paul peut remercier le ciel d'avoir eu comme président de séance ce soir-là l'un des siens.

TROISIÈME PARTIE

UNE FIN PROGRAMMÉE

I

ON FAIT QUOI MAINTENANT ?

La passion, l'excitation, l'urgence sont des sentiments puissants mais qui ne durent pas. Ils caractérisent parfaitement une expérience en cabinet ministériel. Passionnante, excitante et l'impression de vivre dans une bulle à part où seule l'urgence dicte sa loi.

Mais cette vie épuise et s'épuise vite. Au-delà des aléas politiques, un cabinet ministériel s'use rapidement. Il y a deux cas de figure. Un cabinet dont l'actualité s'impose à lui, permanente, récurrente et qui consomme en nombre des conseillers qui au bout d'une dizaine de mois n'en peuvent plus. Oubliée la vie de famille, oubliés les week-ends. À ce rythme, il faut rapidement changer certains conseillers comme on changerait une pièce mécanique dans une machine en panne.

À l'inverse, certains cabinets sont moins exposés, pourtant ils connaissent le même emballement et la même allégresse à leurs débuts. Mais là encore, une autre forme d'usure apparaît. Celle, au choix, de la fatigue de devoir entretenir un agenda et une actualité artificielle ou, pire, celle de l'ennui. Car on peut s'ennuyer en cabinet ministériel, s'ennuyer ferme.

Au bout de quelques mois d'activité et de stress intense, notre cabinet commence à montrer les premiers signes d'usure. Le débat parlementaire sur le paquet énergétique, qui nous a tout entiers mobilisés pendant près de neuf mois, vient de s'achever. La loi a été promulguée. Une fois le service après-vente amorcé, il s'agit de trouver un second souffle, un nouvel objectif et une nouvelle envie. Pas simple. D'autant que le climat politique général a lui aussi changé. C'est tout le Gouvernement qui semble aujourd'hui un peu plus à la peine.

Les conseillers sont fatigués. Nombre d'entre eux ont le sentiment d'avoir accompli leur devoir. Il est temps de réfléchir à la suite et à l'après-cabinet. C'est le cas de conseillers techniques qui ne sont pas plus fascinés que ça par la politique. Ils se sont engagés dans l'aventure ministérielle car ils pensaient que cette étape ouvrirait le chemin vers une brillante carrière dans leur corps d'origine, en tout cas plus belle que s'ils n'étaient pas passés par ce stage un peu particulier. Il n'est donc pas rare de voir les premiers départs neuf à dix mois à peine après la création du cabinet, au gré des postes à responsabilités qui se libèrent dans l'administration.

Psychologiquement, c'est un peu dur de voir partir ces conseillers pionniers, qui ont participé à la construction du cabinet. Je ne le vis pas très bien. Je m'attache cependant à ce que l'ambiance générale n'en soit pas trop affectée. J'organise régulièrement des pots entre conseillers dans la salle des Marbres afin que la bonne humeur caractéristique de ce jeune cabinet perdure. Le management d'équipe devient un impératif. Quand l'urgence commande, tout va bien, on n'a pas le temps de penser. Mais la nature a horreur du vide. Quand on a le temps, tout se complique. Je le sais et je ne veux en aucun cas que l'équipe se délite et aille cancaner à l'extérieur.

Les réunions de cabinet s'écourtent de plus en plus. Tout comme les conseils des ministres d'ailleurs. Michel, qui est resté fidèle au poste, fouette ses collaborateurs pour qu'ils lui trouvent de nouvelles idées. Dans la salle des Marbres, l'atmosphère est bizarrement à la fois conviviale et pesante. Conviviale parce que se trouvent là des soldats qui ont le sentiment d'avoir fait la guerre ensemble. Forcément, ça crée des liens. Et pesante car il n'y a plus de jus et que le cabinet tourne à vide.

Invariablement, Michel ouvre la séance en résumant les informations obtenues lors de sa réunion de coordination hebdomadaire avec les autres directeurs de cabinet. Il initie ensuite un tour de table afin que chaque conseiller fasse un point sur ses dossiers en cours et sur les idées nouvelles qu'il peut avoir. Sur ce dernier point, les pannes sèches s'accumulent…

Une fois le tour de table achevé, je passe en revue l'agenda des deux semaines à venir du ministre afin de m'assurer de la bonne répartition des tâches. Je fixe également la date limite de remise des copies afin que le dossier du ministre soit constitué dans les temps. Mais ce jour-là, en examinant l'agenda, je constate qu'il est très léger. Un rendez-vous par ci, une réunion par là. Je me rends compte qu'il n'y a même strictement rien à l'agenda deux jours durant. Pas même un déjeuner.

Je me remémore les débuts du cabinet ou, à l'inverse, une forme d'hystérie avait envahi l'hôtel de Cassini. Entre la surmotivation des conseillers, la pression des médias et le torrent de demandes de rendez-vous, l'agenda explosait. Paul n'avait plus une seconde à lui. Je devais presque programmer la pause pipi. J'avais même dû faire une mise au point très officiellement. Paul était asphyxié et ne parvenait plus à trouver le temps nécessaire pour réfléchir ne serait-ce que deux secondes à ce qu'il voulait faire. Chaque minute de l'agenda était utilisée. Dès qu'un créneau de quinze minutes se libérait, il fallait absolument le combler par un entretien en plus, la validation d'une note en urgence ou une réunion technique. Un « trou » dans l'agenda était inacceptable. Pour les conseillers, un ministre ne travaille vraiment que s'il est overbooké.

Je ne sais pas si c'est un moyen pour eux de se rassurer et de justifier leur propre activité ou si empêcher Paul de trop réfléchir leur permettait de garder le contrôle.

Si il y en a une qui a peur du vide, c'est bien Sophie. Une activité intense la rend nerveuse et surexcitée. L'ennui la rend insupportable. Peu à peu, l'envie s'est transformée en amertume. Son excitation s'est muée en angoisse et son humour pince-sans-rire en bile rageuse. Elle sent que les choses nous échappent et que nous ne sommes plus au centre de toutes les attentions. Sophie assiste aux premières loges à ce triste spectacle. Les coups de fil de journalistes se sont sacrément raréfiés. La plupart du temps, ils l'appellent désormais pour avoir des commentaires ou des ragots sur d'autres membres du Gouvernement. D'acteurs, nous sommes devenus commentateurs. Ça la rend dingue.

Il faut réagir. Au moins entretenir l'illusion, à défaut de la flamme, pour essayer de rebondir par la suite.

Sophie fait les fonds de tiroirs auprès des conseillers pour essayer de trouver une idée ou une occasion d'organiser quelque chose et de faire parler d'eux. Elle se tourne vers la conseillère parlementaire :

« Anne-Laure, vu le pognon qu'on a dépensé pour faire plaisir aux parlementaires, y a bien un truc à inaugurer ou à visiter dans une circonscription quelconque, non ?

– Tout de suite, comme ça, je ne vois pas, mais je vais réfléchir à des noms.

– Nous n'avons pas besoin de noms mais d'idées ! C'est quand même dingue qu'il n'y ait pas un minimum d'anticipation ! Ça servait à quoi qu'on les rince à longueur de journée sinon ? »

Le ton est dur. Et elle touche juste. Anne-Laure est une conseillère adorable mais manquant cruellement d'assurance et d'autonomie. C'est une bonne exécutante, mais les initiatives et les propositions ne sont pas son fort. Les propos de Sophie la stigmatisent. Elle sait qu'elle n'a pas tort, mais la pauvre n'a rien à répondre. De plus, Sophie la lynche publiquement. L'ambiance est plombée et Sophie la détériore définitivement.

Je viens à sa rescousse.

« On se calme. Ça ne sert à rien qu'on se tape dessus, ça n'arrangera rien, au contraire. Mais sur le fond, Sophie a raison. On a cruellement besoin de pouvoir montrer les actions entreprises par le ministère ou qui ont pu aboutir grâce à nous. Il faut donc recenser tout ce qui peut exister comme première pierre, inauguration et autre ouverture d'équipement auquel nous avons contribué d'une manière ou d'une autre.

– Et il faut que ce soit visuel ! insiste Sophie. Je ne veux plus de ces signatures de chartes ou de pactes bidon avec des professionnels. Ça emmerde tout le monde. C'est totalement inexploitable médiatiquement. »

Je poursuis :

« On a peu fait de déplacements à l'étranger. Michel, c'est peut-être le moment, non ? Comme on est loin d'être surchargés, on peut sans problème prévoir plusieurs jours de déplacement d'affilée, et médiatiquement c'est pas nul. Sophie, à tous les coups, c'est le genre d'événement pour lesquels tu trouveras des journalistes volontaires. Et en plus, si ça permet un tout petit peu de travailler la stature internationale du ministre, pourquoi s'en priver ?

– C'est pas con, même si tout dépend de la destination et du programme, répond Sophie en faisant un peu la fine bouche.

– Il y a un truc à creuser, renchérit Michel. Je crois que Gazprom et GDF-Suez viennent de signer un protocole d'accord en Russie. En gros, cet accord doit permettre à GDF d'entrer à hauteur de 9 % dans le capital de Nord Stream. C'est le futur gazoduc qui va approvisionner l'Europe en gaz russe en passant par la Baltique.

– Eh ben voilà, exulte Sophie, on le tient, notre déplacement médiatique ! En plus, je ne suis jamais allée à Moscou. » Puis, se tournant vers moi : « Tu crois qu'on pourra faire un tour à Saint-Pétersbourg ? »

Un mois plus tard, Paul, Sophie, le directeur de cabinet adjoint, le conseiller énergie, le président de la commission des affaires économiques de l'Assemblée, deux journalistes et moi-même, nous nous envolons pour Moscou. Un déplacement de cinq jours avec au programme des rencontres bilatérales avec les homologues russes de Paul, une réunion de parlementaires, une rencontre entre la délégation et les entreprises françaises du secteur de l'énergie présentes dans le pays et un dîner pour la communauté française de Moscou.

Paradoxalement, cette visite à plus de 5 000 km de Paris a été plus facile à organiser qu'un déplacement dans l'Ariège. Je me suis totalement reposée sur le Quai d'Orsay et les services de l'ambassade de France sur place. Il n'était d'ailleurs pas question que je cherche trop à mettre mon grain de sel dans la préparation. On m'a expliqué avec un peu de condescendance qu'en matière de diplomatie rien ne doit être laissé au hasard. Tout est pesé au trébuchet et le moindre faux pas ou la moindre mauvaise blague peut conduire à une crise diplomatique. Je l'ai bien compris et n'ai pas insisté. Je me suis contentée de passer « ma liste de course ». Charge à l'ambassade d'y mettre ses moyens.

Pour justifier l'escapade à Saint-Pétersbourg, je prétexte de la volonté du ministre d'aller voir sur place comment fonctionne et à quoi ressemble ce qu'on appelle une « smart city », ville dite intelligente grâce à de lourds investissements en matière d'économie d'énergie et de diagnostics énergétiques. Saint-Pétersbourg fait partie des villes pionnières…

La valeur ajoutée de ce type de déplacement n'est pas flagrante et fait plus figure d'illustration qu'autre chose. À plusieurs reprises, je ne peux pas m'empêcher de me dire que nous ressemblons à une colonie de vacances trimbalée par un tour operator. Les ambassades, à quelques variantes près en fonction du portefeuille du ministre, élaborent les mêmes programmes, font rencontrer les mêmes personnes, visiter les mêmes sites. Pas question de tenter l'aventure hors des sentiers battus.

Néanmoins, cinq jours dans le froid, à respirer l'air russe, loin de la politique politicienne de Paris, nous revigorent. C'est bien mieux que de rester enfermés au ministère à signer des parapheurs à longueur de journée.

Cette petite escapade nous a donné le goût du voyage. Dans les deux mois qui suivent, nous nous rendons en Chine, à Bruxelles, au Kazakhstan et aux États-Unis. De l'authentique tourisme ministériel.

Quand l'activité ralentit, vient aussi le temps des agapes. Il n'y a pas de raison que les fonctionnaires soient les seuls à profiter de leur passage en ministère, ce doit être l'occasion pour le ministre comme pour ses conseillers « politiques » de faire des relations publiques à tous niveaux et d'élargir leurs réseaux d'influence. Et quoi de mieux qu'un ministère avec tous les moyens qui lui sont attribués ?

Comme Paul a du temps et que, définitivement, les dossiers techniques ne se bousculent plus au portillon, nous bâtissons avec Sophie un véritable programme de gala à Paul. Les déjeuners et dîners ne se limitent désormais plus aux seuls parlementaires ou journalistes. Le Tout-Paris doit passer par l'hôtel de Cassini.

Dans un premier temps, nous incitons Paul à réactiver son réseau existant qu'il a un peu délaissé. Il est très important qu'il reprenne contact avec des personnes influentes qui ont pu l'aider. Il n'y a rien de plus préjudiciable que des personnalités haut placées vexées de ne plus avoir de contact depuis sa nomination au Gouvernement.

Dans un deuxième temps, nous ne nous cassons pas la nénette et nous nous débrouillons pour obtenir la liste des membres du Siècle, LE club auquel appartiennent toutes les personnalités influentes ou dirigeantes que compte ce pays. Écrivains, chercheurs, universitaires, éditorialistes, chefs d'entreprise, avocats, artistes, hauts fonctionnaires, banquiers, patrons d'entreprises publiques, syndicalistes. L'objectif est qu'un maximum d'entre eux soit invité à la table du ministre, en tête à tête ou en petit groupe. Paul s'enrichira les neurones et le carnet d'adresses.

Enfin, Paul n'oublie pas qu'avant d'être ministre il était député et qu'il a vocation à le redevenir. Il faut donc soigner sa circonscription. Plus les activités ministérielles se rétrécissent comme peau de chagrin, plus les activités politiques reprennent le dessus, avec d'autant moins de scrupules que c'est probablement la meilleure façon d'exister à ce moment-là.

En la matière, un exercice s'impose : les remises de décorations. Médaille de l'ordre national du Mérite, Légion d'honneur, le tout dans les différents grades (chevalier, officier, commandeur, grand officier, grand-croix, grand maître), autant d'occasions de faire plaisir et de flatter l'ego de gens dont Paul pourrait avoir besoin par la suite. Qu'il s'agisse du gotha ou de la province qui monte à Paris, cela marche toujours. Élites comme gens plus simples aiment à se retrouver sous les dorures des palais de la République. Les premiers parce qu'ils s'y sentent chez eux, les seconds parce qu'ils sont fiers et impressionnés.

Dans tous les cas de figure, la République sait recevoir et il n'y a pas de meilleur hôte qu'un ministre en mal d'activités.

II

ÇA SENT LE ROUSSI

Les élections régionales approchent. Les sondages sont épouvantables pour la majorité. Classique. Depuis la réforme du quinquennat et l'inversion du calendrier électoral qui consiste à organiser les élections législatives à peine un mois après les élections présidentielles, les élections locales et intermédiaires sont devenues un véritable exutoire pour les Français.

Quelles que soient les thématiques, les dossiers, les résultats, quels que soient les efforts et les promesses, la sanction tombe. Pour ne rien arranger, ces consultations interviennent la plupart du temps deux ans après la nomination du Gouvernement, c'est-à-dire au moment où il est usé jusqu'à la corde. Même si ministres comme conseillers savent qu'ils ont un CDD à durée indéterminée et qu'un remaniement est inéluctable un jour où l'autre, quand ça se rapproche, la tension monte d'un cran.

Nous en sommes l'illustration parfaite. La lecture des journaux ne nous rassure pas. L'Élysée multiplie les signes d'agacement sur le manque de résultats du Gouvernement. Le Premier ministre est devenu transparent, ne parvenant même plus à faire illusion. La communication gouvernementale part à vau-l'eau, chacun des ministres voulant jouer sa propre carte, se faire remarquer positivement pour éviter de sombrer avec le navire. Le meilleur moyen d'accélérer le naufrage collectif. Il n'y a plus de réunion de coordination, plus d'éléments de langage, les rats quittent le navire.

Chez nous aussi les rats quittent le navire. À part quelques exceptions, tous les fonctionnaires ont négocié, et plutôt bien, leur sortie. Ils accèdent aux postes de direction ou sous-direction qu'ils ont visés mais auxquels ils n'auraient pas pu prétendre sans un passage en cabinet. La mécanique est parfaitement huilée. Tellement huilée que Paul a dû en supplier quelques-uns de négocier avec leur hiérarchie pour ne prendre leurs fonctions qu'après le remaniement et ainsi lui permettre de sauver la face.

L'hémorragie est réelle également en ce qui concerne le personnel de soutien. Et parfois pas de leur fait. J'ai pris en flagrant délit de débauchage le DSAF de Matignon essayant de recruter une de mes secrétaires. Il est mal tombé. Cette dernière, d'une fidélité totale, m'a alertée sur les coups de fil voire les intimidations qu'elle reçoit de sa hiérarchie. Dans un premier temps, je refuse d'y croire. C'est trop énorme. Mais quand ma secrétaire vient me chercher un jour en courant parce qu'elle a le directeur en personne qui cherche à la joindre, je comprends que c'est peut-être sérieux. Je suis mon assistante dans son bureau, l'autorise à décrocher et lui demande de mettre le téléphone sur haut-parleur. Ce que j'entends me laisse sans voix. Le DSAF de Matignon en personne tente tout simplement de débaucher un à un les personnels du cabinet afin de les récupérer dans ses services avec comme argument principal : « Ce cabinet est mort, c'est une question de jours. Le train ne passe qu'une fois. À vous de le prendre en marche. Ou pas. » Le ton est presque menaçant.

Je n'en reviens pas. Quel culot ! Je ne peux m'empêcher d'arracher le combiné des mains de ma secrétaire pour dire à ce malotru tout le mal que je pense de ce procédé. Mais le pire, c'est qu'une fois l'effet de surprise passé, il ne se démonte même pas et va jusqu'à prétendre qu'il leur rend service et que cela facilitera les choses le moment venu.

Je réalise à quel point le pouvoir des cabinets est factice et uniquement conjoncturel. En réalité, l'administration tient tout. Elle courbe l'échine le temps de laisser passer l'orage et de faire croire au cabinet que ce sont eux les patrons. Puis elle reprend sa petite musique, sans tambour ni trompette pour mieux endormir son monde. Enfin, elle porte l'estocade aux premiers signes de faiblesse. Je crois même déceler une forme de vengeance dans la façon dont les choses se déroulent. Comme si l'administration faisait payer au cabinet une humiliation ou un asservissement dont elle aurait été victime.

Cet épisode a le mérite de me faire réaliser que je ne peux pas rester les bras croisés et que je dois un minimum anticiper les choses. Même si ce n'est pas agréable, je décide de convoquer un à un tous les membres du cabinet ayant un statut de contractuel et qui ne seront donc pas « recasés » automatiquement une fois le cabinet dissous. Je veux faire un point avec eux sur leurs envies, leurs projets et ainsi les aider si possible dans leur reconversion.

Certains visent un projet professionnel très éloigné de la politique ou du secteur public, comme travailler dans les secteurs associatifs ou culturels. D'autres sont un peu désemparés et ont besoin de conseils. Mais ceux qui ont probablement le plus besoin de conseils sont les conseillers plus politiques qui se laissent bercer d'illusions.

Beaucoup ne se rendent pas ou plus compte que la vie de cabinet n'est pas la vraie vie. Qu'avoir une voiture avec chauffeur à trente ans à peine, ce n'est pas normal. Que certes la Garde républicaine ou les gendarmes qui vous saluent est grisant. Mais cela ne suffit pas à faire de vous quelqu'un d'important. Oui, travailler auprès d'un ministre est prestigieux mais, pour autant, personne ne vous attend dehors.

La chute s'annonce rude.

Certains le pressentent et ont commencé à envoyer quelques CV par-ci, par-là. Au début, tous sont très confiants, pour ne pas dire exagérément optimistes. Pendant trop longtemps, on leur a fait croire que rien ne peut résister à un conseiller ministériel. On leur demande un rendez-vous, des faveurs. Le simple fait d'avoir à inverser la tendance et à se mettre dans la position du demandeur se révèle traumatisant. Et le plus dur est devant eux. Parce qu'ils appartiennent encore à un cabinet, ils sont reçus dans des entreprises, des fédérations professionnelles ou des agences de communication. Ils peuvent servir. Du jour où ils l'auront quitté, ce sera une autre paire de manches.

Certains n'ont d'ailleurs qu'une idée assez floue de ce qu'ils savent faire et de la manière de se vendre. Ils réalisent qu'ils savent tout faire donc… rien faire. Ils découvrent que si en politique le fait de brasser de l'air suffit, dans le privé, cela ne marche pas comme ça. Il faut des… résultats, tangibles, chiffrés, des objectifs précis dans des délais clairs. Un réseau et un carnet d'adresses, aussi riche soit-il, n'ont de valeur que si on sait les utiliser. Et contrairement à ce que l'on pourrait croire, ce n'est pas le cas de la plupart d'entre eux. Et que dire du rapport à l'argent ? En cabinet, l'argent n'a pas d'odeur, pas de saveur. C'est une valeur virtuelle. Un million ou un milliard, c'est pareil. Quel choc de culture quand dans le privé on leur expliquera qu'un bon collaborateur est un collaborateur qui coûte moins cher qu'il ne rapporte !

Ils vont devoir s'immerger dans le monde réel. Certains ne s'y feront jamais.

III

L'HALLALI

Le couperet vient de tomber. La majorité a perdu vingt et une régions sur vingt-deux. Du jamais vu. La bérézina, une déroute absolue.

Les huiles du parti ainsi que les principaux ministres se sont succédé durant l'après-midi à Matignon et à l'Élysée. Les sondages sont très mauvais et le taux de participation particulièrement faible laisse entendre que l'électorat de la majorité a déserté le chemin des urnes.

Après avoir voté dans l'après-midi, Paul s'est rendu au ministère. Il m'a demandé, ainsi qu'à Sophie et Michel, de le rejoindre en fin d'après-midi. Il veut suivre les résultats et la soirée électorale depuis le bureau. Malgré la morosité et l'angoisse qui commencent à s'emparer de lui, il souhaite rester aux commandes et être en capacité d'agir rapidement si nécessaire. Pour faire quoi ? Il n'en a pas la moindre idée. Mais c'est mieux que rien.

Nous le rejoignons. Sophie a tenté durant la journée de « vendre » Paul au parti puis aux médias directement pour compter dans la liste des invités des plateaux télé et radios commentant les résultats. Les soirs de défaite, ce n'est jamais une partie de plaisir, mais elle estime que ce sera un bon exercice pour Paul et, surtout, que cela le positionnera dans les personnalités qui comptent dans l'avenir. Peine perdue. La situation est telle que l'Élysée et le parti ont tout verrouillé et ont finement choisi les intervenants pour ne laisser la place à aucune improvisation.

Sophie est furieuse. « S'ils avaient verrouillé la com comme ça depuis le début, on n'en serait peut-être pas là », ne peut-elle s'empêcher de penser.

Les jours d'élection, le créneau horaire le plus difficile à gérer est le créneau 18-20 heures. Durant ces deux heures, il n'y a rien à faire, hormis des projections sur le taux de participation, harceler les sondeurs pour avoir leur analyse et se raconter sa propre histoire. Nous sommes en plein dedans. Pour tuer le temps, Paul me demande de ressortir les résultats des précédentes élections régionales, leur taux de participation et les analyses qui en avaient été faites. Il souhaite se forger sa propre opinion sur les raisons de la déroute annoncée et sur les conséquences à en tirer, tant sur le fond que sur la forme.

Indépendamment de la conjoncture qui est mauvaise, Paul est convaincu que les raisons de cet échec se trouvent dans l'organisation du Gouvernement et dans l'absence de méthode. Avec pour corollaire l'impression pour les Français d'absence de résultats. Les élections régionales, comme les élections européennes, sont par ailleurs les élections rêvées « pour se faire plaisir », la plupart des Français ignorant leurs enjeux et ne comprenant rien au mode de scrutin. À la différence des élections municipales, élections locales par excellence, et personnalisées par les maires, les élections régionales sont perçues comme lointaines, avec des candidats inconnus qu'ils ne rencontreront jamais chez eux.

Toutes les conditions sont réunies pour un pugilat.

Une fois l'analyse faite, ce qui est relativement rapide, la question est de savoir comment rebondir et tirer son épingle du jeu. Il semble évident que le Président décidera d'un remaniement dans la foulée des résultats. Il ne peut en être autrement. Le Premier ministre est devenu au mieux transparent, au pire une cible. Il ne protège plus le Président mais au contraire risque de l'entraîner dans sa chute. Chacun des ministres joue déjà depuis quelque temps sa partition personnelle. Et les médias s'en donnent à cœur joie.

Pour nous, le principe du remaniement est acté. La question ensuite est de savoir si ce sera un remaniement d'ampleur ou pas. Dès l'instant où le Premier ministre *a priori* change, il y a fort à parier que le remaniement sera d'ampleur. Ce qui veut dire que personne ne sera à l'abri d'être viré, à commencer par les plus jeunes ministres qui ne font pas figure de poids lourds. Paul en fait partie.

Le réflexe de Michel est de le rassurer. Selon lui, certes il faut renouveler. Mais justement, Paul fait partie des jeunes ministres qui ne donnent pas cette image d'usure. L'argument a du sens mais est loin de rassurer totalement. En cas de remaniement d'importance, tout est possible, y compris des choix non rationnels. Tout le monde passe dans une grande lessiveuse, avec la garantie pour certains de ressortir essorés. Surtout, cela signifie pour Paul qu'il faut qu'il recommence son lobbying pour justifier sa présence au Gouvernement et vanter ses qualités. Ce n'est pas l'exercice qu'il préfère ni celui dans lequel il excelle.

Un autre problème de taille se pose : qui sera le nouveau Premier ministre ? Difficile d'avancer ses pions quand on ne sait pas auprès de qui. Et très dangereux d'anticiper et de prendre les paris. Sur nos conseils, il décide d'arrêter comme stratégie de « bétonner » le parti et de s'arranger pour qu'un maximum de ses dirigeants, dont a besoin le Président, poussent son nom. La chance fera le reste.

Cette soirée funeste sert au moins à ça.

À 10 heures le lendemain matin, le Premier ministre remet sa démission au président de la République. Durant vingt-quatre heures, le Gouvernement n'existe plus, tout en étant toujours en place. Tout le monde est suspendu à l'attente d'une nouvelle nomination. L'administration assure la gestion des affaires courantes et la continuité du service public car clairement, dans chaque ministère, il n'y a plus de pilote dans l'avion.

Ministres comme conseillers politiques s'accrochent au moindre espoir. Par superstition, il est hors de question de commencer à faire les cartons. Toutes les forces doivent tendre vers un objectif : gagner sa place dans le prochain gouvernement. Les conseillers techniques sont cantonnés à un rôle de figurant. Ils continuent de venir machinalement et comme des zombis au bureau, en attendant d'avoir le feu vert pour plier bagage.

Vingt-quatre heures durant lesquelles le seul instrument de travail sera le téléphone.

Le lendemain de la démission du Premier ministre, son successeur est nommé. Les choses n'ont pas traîné, preuve qu'elles ont été réfléchies bien en amont. Il faut dire que l'effet de surprise est limité.

Paul est en revanche désarçonné par la personnalité sur laquelle s'est porté le choix du Président. Il s'agit ni plus ni moins du secrétaire général de l'Élysée ! Le bruit se faisait persistant depuis quelque temps, mais Paul n'y a jamais accordé plus de crédit que cela. Pour lui, le secrétaire général de l'Élysée, aussi prestigieuse que soit la fonction, est un haut fonctionnaire, certainement avisé, mais en rien politique. Plusieurs membres du parti lui avaient parlé de cette hypothèse, mais Paul a cru à une intox, comme cela se pratique si couramment dans le milieu.

Ce n'est pas une bonne nouvelle. Il sait que le secrétaire général de l'Élysée se montrera moins sensible à une démarche purement politique, celle qu'il a choisie…

Paul a vu juste. Malgré ses nombreux coups de téléphone et son argumentaire bien rodé, il reçoit l'appel qu'il redoutait tant en fin de matinée. Ce n'est pas le nouveau Premier ministre au téléphone mais le ministre d'État.

« Bon, Paul, tu devines pourquoi je t'appelle. Je t'assure, ce n'est pas facile et je me serais bien passé de cette corvée. J'ai tout fait pour te défendre. J'ai bien dit qu'on ne touchait pas à mes proches. Mais voilà, il ne voulait rien entendre. Apparemment, il ne te trouve pas assez (il cherche ses mots)... fiable. Oui, c'est ça, fiable. » Un long silence. « Tu es toujours là, Paul ?

– Oui, François. Mais j'avoue ne pas bien comprendre. C'est un peu rude à encaisser. Tu sais qui reprend le poste ? dit-il d'une voix blanche.

– Ton ministère est supprimé, répond du tac au tac le ministre d'État. Tu penses bien que sinon ta peau aurait été beaucoup plus difficile à avoir. »

Il dit cela avec un tel naturel et une telle évidence que Paul réalise que François ne se rend pas compte de la dureté de ses paroles.

« Mais c'est pas fini, Paul, je te garde dans mon équipe, avec moi. Je vais avoir besoin de députés comme toi sur les bancs de l'Assemblée. »

La messe est dite. Le couperet est tombé et Paul sait qu'il a été trahi par celui-là même qu'il a servi. Il en a confirmation quelques heures plus tard. Un ami intime du ministre d'État entre au Gouvernement comme ministre délégué auprès de lui...

Jusqu'au bout, Paul croit qu'il peut être sauvé. Il faut l'annonce de la composition du Gouvernement par le secrétaire général adjoint pour qu'il réalise que, cette fois, c'est bel et bien fini. Nous sommes tous les quatre, lui, Michel, Sophie et moi, à regarder la télévision dans son bureau et à assister en direct à la naissance d'un nouveau gouvernement dont nous ne ferons pas partie.

Spontanément, Paul se lève et fait le tour de son bureau. Il va serrer très chaleureusement la main de Michel puis nous embrasser Sophie et moi pour le boulot que nous avons fait. Sophie a la gorge nouée. Moi, les larmes aux yeux.

« Je n'ai jamais été très doué pour ce genre de choses, commence Paul, la voix enrouée. Mais sachez que j'ai vécu les dix-huit mois les plus passionnants de ma vie. Je pense que nous pouvons être fiers de ce que nous avons accompli. La vie continue maintenant. Mais je vous demande de veiller à ce que les membres du cabinet ne se perdent pas totalement de vue. »

J'interviens :

« Je m'en occuperai. J'ai demandé à chacun des conseillers de communiquer ses coordonnées personnelles. Comme ça, on pourra rester en contact, quelles que soient les destinations diverses et variées des uns et des autres.

– Parfait, merci, Caroline. Bon, maintenant, je crois qu'on a un peu de rangement à faire. Je vais m'occuper de mes affaires personnelles. Pour ce qui est des dossiers, Michel, je vous laisse voir avec le SGG ce qu'il faut archiver et ce que l'on peut garder. Pour le reste, cela devrait aller vite. C'est là qu'on s'aperçoit qu'on était vraiment que locataires car en fait rien ne nous appartient.

– Je m'étais permise d'anticiper un tout petit peu. J'ai commandé une série de cartons. J'ai vu large donc il devrait y en avoir suffisamment pour tout le monde.

– Merci, Caroline. Je ne compte pas m'éterniser. Mais je souhaite, si nous pouvons encore le faire, que nous organisions un pot de départ dans la salle des Marbres demain en fin de matinée.

– OK. Je vérifie quand nous sommes supposés libérer les locaux et j'organise ça. »

Nous retournons dans nos bureaux, la tête basse, pour demander à nos secrétaires respectives, dont certaines pleurent, de nous fournir quelques cartons. Michel et moi nous assurons que la broyeuse fonctionne bien. Elle aura fort à faire dans les heures à venir. J'obtiens du DSAF de ne libérer l'hôtel de Cassini que le lendemain dans l'après-midi. Cela me laisse un peu de temps pour organiser le pot mais aussi pour faire l'inventaire des bureaux avec un membre de la DSAF et un conservateur du patrimoine. Il n'est en effet pas rare que des tableaux, des vases, voire du mobilier disparaissent à l'occasion des remaniements. Les choses vont vite et certains en profitent pour subtiliser des objets qu'ils ont trouvés à leur goût, comme une récompense pour bons et loyaux services.

Michel, de son côté, s'est entretenu de longues minutes avec le SGG afin de se mettre d'accord sur les documents qui doivent légalement être archivés, ceux dont il serait bien qu'ils le soient et ceux dont on peut faire ce que l'on veut.

Le cabinet est à nouveau une ruche, mais une ruche triste. Les couloirs sont jonchés de sacs-poubelle, de cartons et d'objets en tout genre. Un bruit de fond singulier résonne dans tout l'immeuble. Celui si caractéristique de la broyeuse qui fait son office et avale goulûment des kilos de papiers, vestiges de dix-huit mois d'activités.

À 18 heures, Paul est parti, ainsi que la quasi-totalité des conseillers. Une benne est arrivée et stationne dans la cour. Les personnels techniques chargent les sacs et cartons qui ont été entreposés pour être jetés. Michel, Sophie et moi, nous ne parvenons pas à partir comme ça. Spontanément, nous nous retrouvons dans mon bureau et commandons une coupe de champagne pour célébrer l'aventure qui se termine.

À 19 heures, il n'y a plus personne à Cassini.

Le lendemain, en fin de matinée, le cabinet se retrouve une dernière fois. L'ambiance n'y est pas, mais tous sont venus. Paul, en lieu et place du traditionnel discours, fait le tour de tous les conseillers pour les remercier et leur dire qu'il reste à leur disposition s'ils ont besoin de recommandations ou d'aide pour « se recaser ».

Au bout d'une heure, tout le monde ressent le besoin de tourner la page. Paul part le premier, Michel et moi les derniers.

Nous nous embrassons avec émotion et nous promettons de nous donner des nouvelles.

Une fois Michel parti, je fais un dernier tour des bureaux du rez-de-chaussée comme pour m'assurer machinalement que nous n'avons rien oublié.

À 12 h 45, j'entre une dernière fois dans cette pièce qui fut mon bureau. Je prends mon sac et un dernier carton. Et j'éteins la lumière.

ÉPILOGUE

Deux mois viennent de passer.

Ce soir-là, dans un petit restaurant de spécialités du Sud-Ouest, dans le 7e arrondissement de Paris, une tablée d'une vingtaine de personnes est particulièrement bruyante. Paul, debout dans la salle, semble haranguer son public. Il prononce le discours qu'il aurait dû faire deux mois plus tôt.

Les mines sont plutôt réjouies. Nous sommes heureux de nous retrouver. Les choses n'ont pourtant pas été si simples pour un certain nombre d'entre nous. Nous avons tous eu du mal à nous réadapter à la vie normale. Rentrer à des heures décentes, avoir un vrai week-end. Certains ont vu leur vie changer, ont divorcé, sont partis en province.

Plusieurs ont tenté l'aventure du secteur privé, sans succès. Soit parce qu'ils ne sont pas parvenus à se faire embaucher, soit parce qu'au bout de quelques mois eux comme leur patron se rendent à l'évidence, ils ne sont pas faits pour. Grâce à quelques relais, ils ont néanmoins réussi à se recaser auprès d'un parlementaire ou dans une collectivité locale.

Paul est redevenu député au bout d'un mois. Sophie l'a suivi. Michel, lui, a été nommé au Conseil d'État. Quant à moi, malgré mes doutes, j'ai rempilé. Je suis devenue chef de cabinet du ministre de la Justice.

Je me suis jurée que, cette fois-ci, ce sera la dernière fois.

Car comme m'a dit un ancien ministre : « Le plus dur n'est pas d'entrer en cabinet ministériel, mais d'en sortir. »

TABLE DES MATIÈRES

Troisième partie
UNE FIN PROGRAMMÉE

Cet ouvrage a été composé et imprimé
en mai 2014 par

CPI
FIRMIN-DIDOT

27650 Mesnil-sur-l'Estrée
N° d'impression : 122978
Dépôt légal : mai 2014
ISBN : 978-2-35417-293-0

Imprimé en France